大展好書 好書大展

大展好書 好書大展

命理與預言15

13 星座戀愛占卜

彤雲編輯組／編著

大展出版社有限公司・印行

前　言

本書重點在於戀愛關係，分析戀人彼此會產生什麼樣的影響。這是人生相當重要的一個課題。

如果不能正確理解戀愛時雙方所散發的能源，就會產生誤解、悲痛，造成精神上的苦痛。

本書針對星座間「速配」性的善惡，簡潔敍述戀愛、結婚、性生活之「速配」性，為最有效的指南。經由忠告，你不僅能在戀情上產生新能源，將來結婚後，或已婚者更能度過幸福美滿的生活。至於性生活方面，當然可以得到更大的滿足。想調和有問題的戀愛關係、想使平順的戀愛關係更動人、想更了解對方的要求，就得從感情對立的根本理由開始理解。

藉由13星座占星術，妳會發現與你「速配」性更好的星座，這與12星座占星術根本上不同。你曾根據12星座占星術的適性占卜，築起與另一半的戀愛能量沒有發揮正確作用。請從13星座占星術的「速配」性表中，找出正確的適性，這樣應該可以產生正確能量。當我們更了解自己後，便更能注視自己的腳步，能以旁觀者的態度面對自己。但想要客觀地看自己，並非如此容易。

第三章自我評價的二項測驗，可以讓你知道戀人眼中的你是什麼樣子。

「性慾度測驗」能讓你了解自己的性慾求及性喜好。「戀人適性測驗」，是測驗妳對戀人了解多少。二者都是很有趣的測驗，請妳的另一半也做做看。結果一定令人驚訝。戀人們也可以從此測驗中得到啟發，有助感情增進。

第二章適性占卜中，有相當具體的內容。例如，建議你接吻十五次或二十次。有人認為這不太可能吧！希望你們盡力而為，因為這是你們的幸運數字。此外，各星座開頭介紹的星座基本性格，與「速配」性占卜中所介紹的性格，可能有些差異。

這決非互相矛盾，而是因為性格多少會受對方影響之故。例如，基本性格冷酷，但卻因戀人影響而變得熱情。因此，你可能在不同場合顯現出不同性格。

目錄

第三章　與他（她）的相合性測驗、性慾度測驗

第一章

何謂十三星座

13星座的出生年月日表

雙魚座	3月12日～4月18日
白羊座	4月19日～5月13日
金牛座	5月14日～6月20日
雙子座	6月21日～7月19日
巨蟹座	7月20日～8月19日
獅子座	8月20日～9月15日
處女座	9月16日～10月30日
天秤座	10月31日～11月22日
天蠍座	11月23日～11月29日
蛇夫座	11月30日～12月17日
射手座	12月18日～1月18日
魔羯座	1月19日～2月15日
水瓶座	2月16日～3月11日

光或影？

占星術是所有學問當中歷史最悠久，只要正確理解，也是對現代最有助益的自然科學之一。占星術可以占卜人心，而且能夠顯示與生俱來力量將來如何前進。在任何事情尚未發生前，教示我們人生之戰該有的準備，讓我們不致於跌落橫在眼前的大洞中。它還能正確指導我們人際關係等的意志決定及選擇，可說是能使我們掌握最佳良機的助手。

占星術在幾千年間，於階級制度中，只有僧侶階層的人可以學，而且必須嚴守秘密。隨著古美索不達米亞、巴比倫、埃及各文化的滅亡，他們的學問占星術之定義及方式，也一起轉移至古希臘、羅馬人的手上。

在地中海文明當中，連功利主義時代，偉大哲學家及智慧者，也一直以占星術為協議事情的方式。我想他們相信那是天神的聲音。之後，占星術經由阿拉伯傳到北歐。今天，世上有幾百萬人相信並接受占星術。

解釋占星術需要天文學及數學的能力，是偉大而複雜的工作。現代12星座占星師們，既非數學研究者，看起來好像對宇宙作用也沒什麼認識。這正是問題的核心，也是當今12星座占星師們沒落的原因。他們從古代抄本或學說得到古代占星術的知識。而疏於理解書中全部內容，只閱讀他們了解的占星術片斷，使得他們遺漏了構成占星術很重要的基礎。

現在黃道上有13星座，而非12星座。如果將古代占星師們喚到現代，他們一定因自己的學問為12星座所亂用、惡用而驚訝不已。

不停轉動的大宇宙中有真實

大宇宙不停地在轉動，黃道上的星座也不斷改變其位置及數量。古代占星師們抬頭看夜空，記載黃道上星座的位置。他們是有經驗的天文學者。但如果他們生於現代，想必也會隨著黃道上的13星座而變更他們的占星表。

三千年前，黃道上存在的星座為12宮是事實，但黃道上的星座每七十三年移動一度。這種移動對人的一生沒什麼重大影響。但幾世紀後的今天，這種大移動可就意義深遠了。從巴比倫的黃金日至今，黃道移動了四十一度以上，因此，現在黃道上的星座位置與三千年前不一致。含義為治療者的「蛇夫座」（十一月三十日～十二月十七日），也插入了天蠍座與射手座之間。

實際上，今日太陽與蛇夫座的距離為十八天，與天蠍座的距離只有七天。

了解黃道真實的狀態非常重要。為什麼呢？因為如果你依照12星座占星術，則你便擁有本來所不具備的個性。如此一來，你便與自己的知覺及本來個性脫節，成為完全不同的另一個你。

如果你因個人問題而求助於12星座占星師，你可能會得到沒什麼助益的答案。因為他們不屬於你，而是來自於真正的你個性不相合的星座之忠告，當然沒什麼幫助。

以醫療世界為例，假設你因右手痛而就醫，但醫生切斷你的左腳要求治療費，這樣當然無法滿足。12星座占星術也一樣，如果你得到的忠告是以古代黃道為基礎，那這項忠告不但對你沒有助益，反而還很危險。

以醫療世界為例的例子很極端，但卻非常明確。占星術很難掌握，尤其不了解黃道真實狀態者更是如此。四百年前，黑死病侵襲英國，治療法是吸出患者的血，結果患者當然死亡。今日，黑死病已經能由有效藥物控制、治療。

占星術也一樣。13星座占星術是具有效果的治療藥物，能使你個人的感情、精神發光。13星座占星術的基礎始於古代智者，終於最新的科學知識。真實明白呈現眼前，解釋學問「13星座占星術」，能在世界歷史中得到最好的結果。

對於求助者而言，獲得不適當的忠告，就像過去得黑死病無法得到正確治療法一樣，不但毫無幫助，還充滿危險。

使二人結合的13星座占星術威力

我們每個人都有面臨人際關係重大局面的經驗。從我們的本質出發，到底如何應付這種局面才好呢？他人對我們的了解程度，實際上取決於我們的個性。例如，你很喜歡一個人，想和他做好朋友，想雙方關係更親密，但卻無法成功。

這時候就算依照12星座占星術的指示也不會成功，應該利用13星座占星術先了解自己真正的心情。最重要的是藉由13星座占星術，了解你想培育友情、愛情的人之真正個性。經由這條管道，你能夠架起二人之間真正交流的橋樑。

如此一來，你就能找出你和他之間各種問題的解決方法。13星座占星術，是值得信賴的單純方法，它與你真正的個性，以及決定宇宙移動的自然法則相連結。

一開始在12星座占星術中認為不可能的事，在學習過13星座占星術之基本知識後，就變成極自然的事。

我們彼此具備互相吸引的魅力。而實際上宇宙並非由物質所組成，而是由能量所組成。第一眼就產生好感的人，我們往往認為被對方吸引的理由，是單純外表的原因，事實上錯了。人與人的相處，的確有超越一切的「速配」性這種不可思議力量存在。

戀人的聲音、香味、手的觸感、瞳孔的顏色、臉的表情，這一切小感應都能讓你的心噗咚地跳，令你產生憧憬之情。使戀愛成功的關鍵，在於互相了解，如此才能避開險惡狀態，築起溫暖愛情關係。13星座占星術，比其他任何占星術或心理學更能助你一臂之力，是通往成功之道。

但從12星座占星術中了解的自己，與真實的自己有出入，因此能量產生混亂。從12星座占星術中知道自己是天蠍座（很好的星座），但卻和自己本質的能量、真正的個性並不相合。例如，某人的感覺與感情和12星座占星術中的個性相衝突，能量也產生混亂。後來，發現13星座占星術，並深入了解後，才知道自己屬於處女座。

如此則能量不亂，形成調和結果。

仔細檢查和同伴的感覺，由於能互相了解、保守秘密，所以是安心的對象。不管是怎麼樣的伴侶，都會出現沈醉的幸福時期及艱難的時期，但只要彼此了解，不要在壓制感情上使用能量，彼此針對問題解決，就可以維持長久愛情關係。這世上相愛的男女，都能天長地久相愛不渝，是多美好的事啊！

第二章

十三星座戀愛占卜

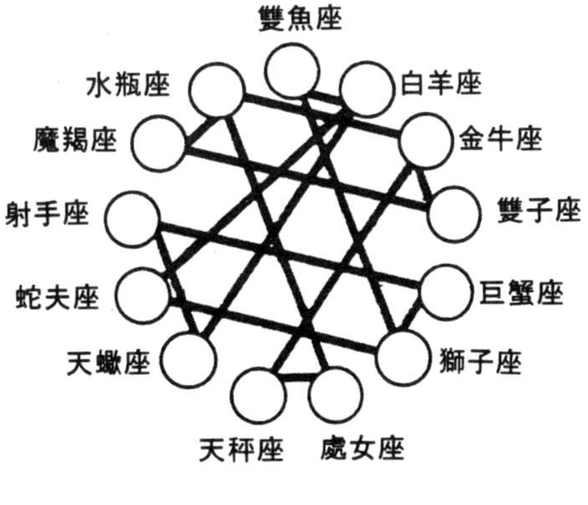

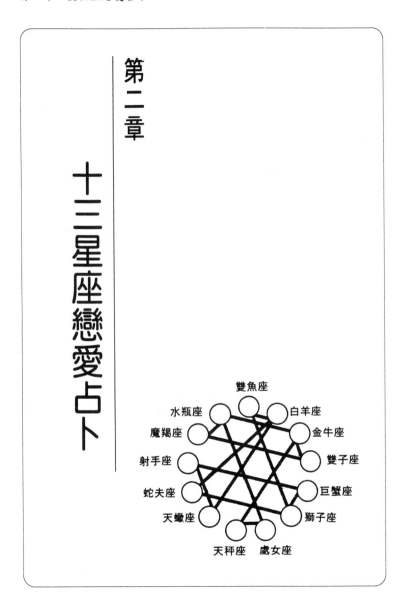

本章介紹最新「13星座占卜」之全部組合，一六九種類型之戀愛、婚姻、性生活三種相合性。

提供讓你更幸福的忠告。

另外，本文基本上以女性為對象，男性讀者請閱讀各星座中自己的星座部分。

「13星座占卜」是由長年研究13星座占星術之經驗衍生而來，所以因女性、男性以及各星座開頭表示的前期、中期、後期各類型而異。請依指示閱讀與自己出生日期有關的項目。相合性看法如下所示。

甲・♥♥♥♥＝最佳組合。

乙・♥♥♥＝相合性好。

丙・♥♥＝相合性普通。

丁・♥＝相合性不太好。

請從下一頁開始，看看你與意中人他或她的相合性，掌握美好戀情。

雙魚座

13星座占星術第一宮

3月12日～4月18日

前期型	中期型	後期型
3／12～3／20	3／21～4／10	4／11～4／18

太陽每年三月十二日左右進入雙魚座，四月十八日離開雙魚座。

三月十二日至三月二十日出生的人，多少受些水瓶座的影響，這些人稱為雙魚座的前期。前期的人請閱讀第二章的雙魚座及水瓶座二項，因為部分受雙重星座影響，而具有兩者星座的特性。要判斷妳的戀愛特徵及愛情運，應該考慮這二種星座。

三月二十一日至四月十日出生者，為雙魚座的中期型，只讀雙魚座一項即可。

四月十一日至四月十八日出生的是雙魚座後期型，必須閱讀雙魚座及下一個星座白羊座。

雙魚座的女性

妳是屬於戀家型，像其他星座許多女性一樣，並不追求時髦、華麗。但妳的資質及感受性勝於其他一切女性。因此，即使妳的戀人只顧自己享樂而忽略了妳，妳也能以體貼的心相待。

妳絕非無能之人，具備經營溫馨家庭的才能，能夠以一顆包容的心體貼他人，提供對方一個完全放鬆的場所。

但有時候妳可能為了成就自己的目的而缺乏實用性。大概妳有盡情創造美的才能，如果真是如此，則妳在追求快樂之餘，有悠閒度日的傾向。

在性愛方面，妳絕對不屬於行動派，想像或期待刺激性快感。妳的身體很纖細，需要堅強意志力保持健全精神狀態。

妳具有的神經質部分，絕對稱不上是魅力。但狀況好的時候，妳充滿了溫柔與體貼。妳很敏感，對男性而言，妳是很不錯的情人。

關於性生活，妳也能適應各種嘗試，想法也很好。

雙魚座的男性

如果你是常做夢的人，很可能就是雙魚座男性。他是愛情最深、最體貼的男性。思慮深遠、親切、禮儀端正，是妳的護花使者。但在生活方面，就不能說是最好的了。他可能表現出什麼都能夠給妳的樣子，但很可能一下子什麼也沒有了。對他而言，思考、夢、野心才是真實的，妳沒辦法讓他面對擔心生活的困難。

如果他遭遇無法克服的生活難題，會立刻往夢幻世界逃避。這種資質在現實面來說，生活成了悲慘的「折磨」。

不過他也並非無能之人，而是與生俱來行星的狀態，賜予他這種能量。對他來說最可惜的是缺乏現實性。

如果他找到適合自己的工作，而且努力不懈往成功之途邁進時，他就真是不錯的伴侶。

其實他本來就是很溫柔的人，感官性強，希望受他人矚目、稱讚。他的性慾強，重視性生活的滿足，而且也能給妳性愛上的最高享受與喜悅。

【愛情運】在妳信誓旦旦忠於愛情時，已經充滿了驚人的能量。一定要信守和他的約定。

穿著紫色系及能夠讓人想起海的綠色衣服，能使你的夢中情人走向妳。妳非常迷人。

【戀愛的忠告】如果妳不遵守約定，他的態度會很嚴苛。當然，鬧彆扭爭輸贏應該不是目的，妳應該認真地掌握愛情。而當他對妳態度嚴格時，不正也是熱愛妳的表現嗎？

雙魚座愛情測試

「他愛我嗎？……」如果妳搞不清楚他到底愛不愛妳，可以在一杯水中放入一顆小石子，假使出現波紋為奇數，那他就是妳的了。

愛情良藥	海鮮沙拉、綠茴香酒
性感帶	耳垂、手指
性愛重點	清楚的表情、美麗的臉龐
約會場所	咖啡廳內外
幸運色	白色
珠寶飾品	綠寶石手鐲
幸運時間	傍晚（17:30～20:07）

雙魚座的妳與雙魚座的他

戀愛

當戀人的相合性不好。妳和他都很會做夢，不切實際。彼此約定之事缺乏現實性，往往造成很大的失望。想加深愛情，就必須告訴他，妳非常愛他，而且滿足於他所付出的愛。二人想永遠維持羅曼蒂克的愛情，恐怕只有在好萊塢螢幕上了。

結婚

當成結婚對象能夠滿足。也許他不是個拼命賺錢養家的男人，但二人都熱愛家庭，滿足家庭生活。想使婚姻生活更好的話，不要太稱讚他，談一些現實性的話題。買紫色系列家具，客廳設計成白色印象。如此可提高注意力，對二人造成刺激，保持艮好的關係。

性

性方面的相合性平平。二人都是不錯的性伴侶，但彼此都努力想得到性高潮，反而破壞了性氣氛。想提高性能量，就得將性行為視為現實部分。從纖細的前戲開始，比無謂的努力有用多了。在性愛之前、之時喝些水很好。

戀　愛	結　婚	性	「速配」性
♥	♥♥♥	♥♥	丙

雙魚座的妳與白羊座的他

戀愛

能產生最佳戀愛關係。約會時，他經常送妳花吧！應該也精力充沛地帶妳到各種場所約會，讓妳感覺變化萬千吧！但他絕對不是自由奔放型的人。這對妳而言很好。他追求崇高的道德，妳不要再左顧右盼了，答應他吧！

結婚

當成結婚對象也很好。他由衷感謝妳的努力，例如，妳稱讚他的頭髮好看、讓神經質的他感到安心等等小事。為了使婚姻生活更美滿，妳必須將椅子移動成坐的時候臉朝窗戶的方向，而且要勤於擦拭家具，因為他是無法忍受灰塵的人。

性

性愛相合性也很「速配」。在性行為之前，儘量調情久一點。他對妳的要求很敏感，努力想讓妳喜悅、興奮。如果想更提高性能量，可以在玄關門後做愛，將會陷於真正的忘我境界。

戀　愛	結　婚	性	「速配」性
♥♥♥♥	♥♥♥♥	♥♥♥♥	甲

雙魚座的妳與金牛座的他

戀愛

能創造很好的戀愛關係。他是很在乎美、執著愛情的人。為了加深愛情，妳應該讓他了解妳想看電影、想上咖啡廳等期待。他一定會盡全力滿足妳的要求。這種讓他更了解妳的方法，不但可提升他的心情，還可促進二人關係發展。

結婚

當成結婚對象平平。他是位野心家，希望在社會上出人頭地。因此，妳為了愛他而妥協、支持他。他也了解妳的心意，如此可加深二人關係。為了增進婚姻關係，請設計藍色系列浴室，並準備好晚餐，塗上藍色指甲油等他回家。

性

性相合性也平平。他注意到妳的要求，但卻不是個冒險家。為了提高性能量，性愛前請穿著誘人的睡衣，挑起他的性慾。也可以配合狀況跳跳舞，他一定會興奮得迫不急待。妳一定能夠享受到美好的性生活及性高潮，玩味喜悅的滋味。

戀　愛	結　婚	性	「速配」性
♥♥♥	♥♥	♥♥	丙

雙魚座的妳與雙子座的他

戀愛

當成戀愛對手平平。妳希望有約束的生活，他卻花心。為了加深戀情，請經常變換不同服裝，製造不同氣氛，因為他不喜歡一成不變。總而言之，他喜歡新鮮、變化，染染頭髮、變化指甲油顏色，讓他感受到耳目一新的氣氛，會讓他以重新的心情看妳，或者把妳當成另一個人發展關係。

結婚

當成結婚對象也平平。想增進婚姻生活，首先得使家中明亮。暗淡的家具如何吸引他回來呢？房間統一用綠色與明亮的黃色，每個房間再加上花朵裝飾。煮些他喜歡的料理，讓香味充滿整個屋子。他一定會以全新心情擁抱妳。

性

這是性相合性佳的二人。他與生俱來對性淡泊，而妳希望嘗試各種不同的性生活。因此，妳能將各式各樣的型套在他身上。想提高性能量，得利用家中房間做愛，當他快達到高潮時便停止，然後再開始刺激，直到二人達到渾然忘我之境。

戀　愛	結　婚	性	「速配」性
♥♥	♥♥	♥♥♥	丙

雙魚座的妳與巨蟹座的他

戀愛

當戀人的相合性不錯。他喜歡像母親一樣照顧他的人，而妳也能配合其要求。想加深愛情，可以像對待孩子般地撫摸他的頭髮、為他穿衣服、輕敲他的頭，他一定會更愛妳。約會時可以投予飛吻，比鄰而坐時也可以互相玩弄手指。

結婚

當結婚對象則普通。妳有些任性，他感到不滿足。為了使婚姻生活美滿，家中應更有效率。如果他依然抱怨，妳可以問他什麽時候結束二人關係。浴室請佈置成白色，為了神經質的他，必須保持毛巾清潔。他注意到妳的努力後，就不再批評了。

性

當成性對象也是普通。他經常要求性刺激，妳則過於實驗性。這種組合不論在何處均可開始性行為，當激情過後則什麽也不留。為了提高性能量，在性方面的要求應少一點。與其享受四次小高潮，不如體驗一次絕佳大高潮。

戀　愛	結　婚	性	「速配」性
♥♥♥	♥♥	♥♥	丙

雙魚座的妳與獅子座的他

戀愛

最佳戀愛拍檔。他能忍受妳，妳也能讓他的自尊心得到滿足。彼此相愛使妳容光煥發。為了提升戀愛程度，妳應使他的生活更羅曼蒂克，像送他一份驚奇的小禮物。舞會或共進晚餐時，在他耳邊輕聲耳語，他一定將整顆心都掏給你。

結婚

這也是結婚的理想對象。家庭生活良好，當他回家時，妳給予全部的關懷。為了更增進婚姻生活美滿，二人應經常外出，因為他喜歡誇耀妳的好。穿上魅力十足的衣裳，配戴合宜的手飾，挽著他的手出門。在家時，妳也可以用湯匙餵他，或用手拿東西放到他嘴邊，製造生活樂趣。

性

性相合性也是非常「速配」的。妳是想進行各種實驗的人，他則能配合此要求。為了提高性能量，讓他居於主導地位，他也喜歡這項任務。讓他抱著妳進臥房、上床、為妳脫衣服。一小時前戲之後，妳一定能嘗到其他人無法玩味的性高潮。

戀　愛	結　婚	性	「速配」性
♥♥♥♥	♥♥♥♥	♥♥♥♥	甲

雙魚座的妳與處女座的他

戀愛

當戀人的相合性不太好。二人都過於封閉在自己的殼中。打開心窗將心靈打掃一番吧！羅曼蒂克消失後，光芒也散了，彼此在家中嘀嘀咕咕的，氣氛越來越緊張。為了加深愛情，一起逛街、看場電影、喝杯咖啡都不錯。如果這樣做還是失敗，那就試著個別請假，看看對方不在是否能培育愛苗。

結婚

當結婚對象也應該多考慮一番。即使他下班回到家中，二人也只是坐著而已。想使婚姻生活好些，應讓房屋看起來明亮些。另外，將一個房間放任不管，隨它髒亂，廁所也不要打掃。雖然他會生氣，但至少是對話的開頭，妳的能量也能受到解放。在口角之後，彼此會感覺比以前更親近。

性

性相合性普通，有必要增添一些情趣。為了增加性能量，請購買明亮枱燈，在光底下做愛。在性愛之前先享受前戲，彼此用手、口探求對方的身體，性愛中會話也很好，一定可以發現喜悅。

戀　愛	結　婚	性	「速配」性
♥	♥	♥♥	丁

雙魚座的妳與天秤座的他

戀愛

不錯的戀愛對象。妳對他的心情有反應，他也感受到自己的努力有回報。為了加深愛情，即使在人前也要手牽手，用餐時比鄰而坐。接近很重要，妳的香味及輕柔的手之觸感，能讓他陷入羅曼蒂克的氣氛中，也能提高妳的能量。

結婚

這是最佳結婚對象。他要求舒適，妳則能提供他的一切要求。為了更促進婚姻生活美滿，和他談政治、社會情勢等他有興趣的話題。他喜歡知性，如果妳能配合就再好不過了。房屋用彩色裝飾，並準備流行沐浴用品增加生活情趣。

性

性相合性亦佳。他的熱情壓倒妳，妳則注意自己的本性自衛性強。為了增進性能量，晚上十點在房間用腳尖走路，這樣能使他興奮地擁抱妳。在性愛之前花些時間等他，則在短暫的前戲之後，妳一定能享受長時間的高潮。

戀　愛	結　婚	性	「速配」性
♥♥♥	♥♥♥♥	♥♥♥	乙

雙魚座的妳與天蠍座的他

戀愛

戀人關係良好的二個人。他握有支配權，在決定事情時不讓妳加入。但妳的直覺與他的這種秘密主義沒什麼摩擦。為了加深愛情，不論他多強勢，妳都要溫柔地和他說話。他曾送妳一些禮物吧！吻他一下、耳語一番表示感謝。

結婚

當成結婚對象普通。妳能提供溫馨的家庭，但他卻懷疑妳說謊。想使婚姻生活良好，就得緩和房屋中的佈置。統一用褐色或豆沙色，如此則妳的空想習慣也沒了吧！為他準備一些特別料理，減少空洞的健康食品。浴室放香味濃的香皂。

性

性相合性也普通。很遺憾，他是性動物，如果妳不能滿足他的要求，他就會向外發展。為了提高能量，妳不要領導他進行實驗性的性，服從他就好了。他的性慾強，應該會一再要求，不過這樣也可以讓妳享受好幾次性高潮。

戀　愛	結　婚	性	「速配」性
♥♥♥	♥♥	♥♥	丙

雙魚座的妳與蛇夫座的他

戀愛

當戀人的相合性不太好。妳對他溫柔愛深，他卻冷淡地保持距離。為了加深愛情，妳不要表現出那麼強烈的愛意，稍微被動一點，讓他主動前來示好。他送花給妳、請妳吃飯，應該就是愛情的表現，這時妳可以送上一個吻。

結婚

當結婚對象的相合性普通。當他在情感上傷害妳之後，並不會向妳道歉，而且對家庭也不太負責任。妳提供他一個溫馨舒適的家庭，他卻不知感謝。為了促進婚姻生活美滿，不必整理家裡，他的衣服也不必幫他洗，臭襪子就放在他枕頭下，浴室髒了也別管。如此他才會感謝妳的存在。

性

性相合性也不太好。妳希望嘗試各種不同性愛，但他卻只對前戲有興趣，不太顧什麼高潮。為了提高性能量，前戲應減少，一小時就夠了。性開始後敏感的他立刻興奮，妳則慢慢享受高潮。

戀　愛	結　婚	性	「速配」性
♥	♥♥	♥	丁

雙魚座的妳與射手座的他

戀愛

當戀人可以維持最佳關係。他是有智慧的社交家，妳則屬於家庭。這是多麼完美的組合啊！為了加深愛情關係，二人訂定計畫，在月色美好的夜晚出遊。他忙得沒時間約會時，妳經常和朋友一起逛街、運動吧！單獨相處時更能感受到他的愛。

結婚

這是能滿足的結婚對象。妳的私人活動能讓他提起幹勁，他的寬大態度和妳很相配。為了使婚姻生活更美滿，每天移動家中的家具，把他的脫鞋、常坐的椅子動一動。浴室用的擦手巾要經常更換顏色，和主臥室的毛巾對調也不錯。更換照明，最好是附燈罩的燈，窗戶不要打掃才幸運。

性

這也是性相合性佳的二人。他絕不會嫉妒，妳則喜歡各式各樣的實驗。想提高性能量，晚上七點在客廳做愛，儘量二人同時達到高潮。雖然因興奮時間不同而很難同時達到高潮，但可藉著美好的前戲，讓彼此的興奮程度相當。

戀　愛	結　婚	性	「速配」性
♥♥♥♥	♥♥♥	♥♥♥	乙

雙魚座的妳與魔羯座的他

戀愛

戀愛關係很好。他有時想使感情冷靜下來，妳則能直覺感受到他的心情。為了加深愛情，他想要的東西，除了妳自己以外，什麼都給他，他會漸漸只將愛情投注在妳身上。他不喜歡驚奇的事，所以，好好計畫羅曼蒂克的小旅行吧！

結婚

當結婚對象普通。他不認為妳對美麗的家有貢獻。為了增進婚姻生活美滿，請購買可以調節明暗的燈具，這樣不但可節省他的錢，還可創造放鬆的氣氛。浴室每天打掃二次，擦手巾每天要更換。

性

性相合性也普通。他有時對性無表情，但妳對精神的結合期望很高。為了提高性能量，不要自然發生的性愛。和他商量什麼時候希望做愛，讓他排入計畫表中。到時候裸體讓他知道，招招手請他上床，他一定會被妳感動。

戀　愛	結　婚	性	「速配」性
♥♥♥	♥♥	♥♥	丙

雙魚座的妳與水瓶座的他

戀愛

當戀人可產生不錯的關係。他什麽都能給妳，妳則喜歡做夢。想提高愛情程度，就接受他的好意，到羅曼蒂克的餐廳約會。他會給妳令妳窒息的吻，也會送妳高價別緻的禮物。晚上八點以後，在餐廳餐桌對坐而笑，他已經是妳的了。

結婚

這是理想結婚對象。妳努力創造美滿家庭，他則在各方面從旁協助。為了使婚姻生活更美滿，決定家具時請他也參與，他的興趣也是妳的興趣。浴室統一用淺藍色，買多一點毛巾。買張長椅，妳躺在他膝上，讓他撫摸妳的長髮。

性

性相合性也不錯。妳進步、他保守。為了提高性能量，妳可取代不會冒險的他，居於主導地位。前戲要溫柔，如果妳希望反覆得到高潮的話，就抱緊他，不要讓他的身體離開，讓他繼續動作。個性保守的他不但不會拒絕，還會使妳更興奮。

戀　愛	結　婚	性	「速配」性
♥♥♥	♥♥♥♥	♥♥♥	乙

白羊座

13星座占星術第二宮

4月19日～5月13日

前期型	中期型	後期型
4／19～4／23	4／24～5／8	5／9～5／13

太陽每年四月十九日進入白羊座，五月十三日離開。四月十九日至四月二十三日出生的人，多少受到前面雙魚座的影響，所以這些人稱為白羊座的前期型。

前期型的人請讀第二章雙魚座與白羊座二項，因為部分受雙重星座影響，而具有兩者星座的特性。要判斷妳的戀愛特徵及愛情運，就應該考慮這二種星座。

四月二十四日至五月八日出生者，為白羊座的中期型，只讀白羊座一項即可。

至於五月九日至五月十三日出生的是白羊座的後期型，必須讀白羊座及下一個星座金牛座。

白羊座的女性

對於有野心的男性而言，妳能成為最佳戀人。具備傑出的才能與獨立心，並擁有健康的身體。妳富於機智，能以充滿才氣的會話經營社會生活。妳希望協助戀人的工作，或擁有可以增加財富的副業。從任何角度來看，妳都不是容易被定型的女性，總是探尋與衆不同的出路。

妳絕對不會被侷限於椅子上工作，因為妳不但有才能，而且眼光很好。妳的外觀很亮麗，是位美女，妳也引以為傲。

最大的缺點是，在社會上對於成功的慾望及嫉妒心。對於戀人矚目的事物，妳有嫉妒的傾向，很容易隨便想像他不在妳身邊時的行動。妳知道自己很優秀，希望他完全將注意力放在妳身上。

妳感覺到幸福時，是和熱情上進的戀人在一起時。妳浪費且大方，討厭事情做過頭了。雖然妳的幸福是擁有像大男人的戀人，但因為妳具有支配慾，所以只能吸引強度不足的男性與妳交往。這對妳而言，是一種不幸，因為妳的活動馬上就超越他了。妳需要的是能讚賞妳，而且非常強勢的戀人。

白羊座的男性

白羊座的男性是有分寸的魅力男性。雖然他是妳想交往的優秀男性，但因外觀與氣質之故，很難成為戀人。

他與生俱來有點囉嗦，律己甚嚴，希望戀人是完美的對象。因此，除非妳具備美麗、聰明、溫柔等各項條件，否則很難成功。

在戀愛方面，他並非屬於自由奔放型。不在意對人說出危險的話或行動，也不在乎被他人孤立，對戀人的要求更是高水準。

事業上，他不喜歡隱瞞狀況，不但律己嚴，待人也嚴，只要他想做的事，說什麼也沒辦法沈默。認為憑外表判斷戀人是對個人的侮辱，但他也追求性魅力，不滿足即另求發展。

他具有熱情、高傲的個性，對戀人的羅曼蒂克很在意。更麻煩的問題是，這種羅曼蒂克的思想不知能不能在肉體的愛上面讓他滿足。他擁有無法昇華的各種慾望，所以對他的愛情需要很大的包容力。

但如果在性方面與他調和，妳就能期待他持久的誠意。

【愛情運】不要想立於比他優勢的位置，當他有困難時，聽聽他的傾訴，這才是真愛。妳自己也要顯示出明亮的顏色，綠色、粉紅色、黃色、紅色等都是讓他感覺出魅力的理想顏色。

【戀愛的忠告】如果妳任意使喚他，他的心情一定會動搖，進而影響二人關係。不要只想著滿足自己的慾望，他才會喜歡妳。

白羊座的愛情測試

在六張小紙上寫他的名字。然後將這六張紙及一張白紙一起放入容器內。往容器內注水，如果最先浮出表面的紙有他的名字，他就是妳的了。

愛情良藥	牡蠣、香檳
性感帶	臀部、身體左側
性愛重點	唇
約會場所	公園長椅旁
幸運色	黃色
珠寶飾品	鑽石別針
幸運時間	下午（13:15～15:50）

白羊座的妳與雙魚座的他

戀愛

能產生最佳戀愛關係。妳富於想像力，他則喜歡空想，能隨妳的野心、計畫一起前進。想更加深愛情，就專注於妳一貫的興趣中，他喜歡這樣的妳，妳也會感受到他的特別對待。他應該會在特別的場所給妳許多羅曼蒂克之夜。

結婚

這也是最佳結婚對象。妳總是忙著，他則固執於讓妳成功。想使婚姻生活更美滿，應該一起看浪漫的電視。如果妳坐不住，邊捲頭髮也可以。浴室放置黃色擦手巾，紀念日則穿紅色衣服。

性

性相合性也屬特優。妳和他都屬進步型。想提高性能量，可在運動後，或洗鴛鴦浴時做愛。省略前戲，立刻進行性行為，妳一定可以享受空前的高潮。如果有力氣，還可再來一次。

戀　愛	結　婚	性	「速配」性
♥♥♥♥	♥♥♥♥	♥♥♥♥	甲

白羊座的妳與白羊座的他

戀愛

能創造良好的戀愛關係。妳的能力很好，他則希望完美。想加深愛情，妳的一切行動應該更開放。想和女朋友見面時，應該將此訊息傳達給他。他會全心愛妳、信任妳。家也能產生羅曼蒂克的氣氛，但到咖啡廳約會更好。

結婚

當結婚對象普通。妳對家事不太有興趣，但他卻希望妳屬於家庭。想使婚姻生活美滿的話，不要急躁，坐下來慢慢聽他安排的時間。浴室裡準備藍色擦手巾，晚上八點以後熄掉大燈，做些點心給他吃，創造些家庭氣氛。

性

性相合性不太好。妳屬於進步型，他屬於獻身誠實型。想提高性能量，妳可以在早上要求他，裹在棉被裡，不要害羞地躺在他身上。即使他掙扎，妳也要壓住他。在半推半就的狀況下，他心中會充滿喜悅，妳也能享受高潮。

戀　愛	結　婚	性	「速配」性
♥♥♥	♥♥	♥	丙

白羊座的妳與金牛座的他

戀愛

當戀人的相合性不錯。妳對容姿有自信，他則是十足的羅曼蒂克型。想加深愛情就得依自己的型扮演好戀人角色。對他的要求敏感些，重視他的社會關係。他一定會將休假日完全奉獻給妳，還會送妳意想不到的禮物及浪漫晚餐。

結婚

這是最佳結婚對象。他經常稱讚妳，帶給妳歡樂的家庭氣氛。妳是非常幸福的女人，如果還想再更美滿，就注意家中的家具。他是會創造溫馨家庭的人，但需要妳的協助。浴室放粉紅色毛巾，天花板彩色設計，一天用吸塵器吸一次。

性

這也是性相合性不錯的二人。妳熱情，他也在意妳的要求。性行為前花一小時進行前戲，二人都可達到最高境界。如果他等不及，就先讓他滿足吧！接著再繼續做愛，他會敏感地配合妳的要求，妳應該能體驗到空前的高潮經驗。

戀　愛	結　婚	性	「速配」性
♥♥♥	♥♥♥♥	♥♥♥	乙

白羊座的妳與雙子座的他

戀愛

戀愛關係很好的二個人。妳對他的行動關心，如此能防止他的花心。為了加深愛情，妳必須明確向他指出自己前進的方向。試著向飯店、咖啡廳、餐廳等浪漫約會挑戰，增進彼此感應。

結婚

當結婚對象普通。妳對家事沒什麼興趣，他也是怎麼樣都好的人。在建築婚姻生活上沒有共通的意見。想提升婚姻關係，妳就應該在興趣、知性方面配合他。浴室裡放橘色擦手巾。當他入浴時為他擦背、上班前給他一個吻。

性

性相合性也普通。妳很積極，他卻有點冷淡。想提高性能量，就得將臥房照明改成紅色燈光。前戲能讓他興奮，溫柔地讓他滿足吧！他會高興地配合妳的要求，妳也能得到如夢般的快感。接下來，向更大膽的性愛挑戰吧！

戀　愛	結　婚	性	「速配」性
♥♥♥	♥♥	♥♥	丙

白羊座的妳與巨蟹座的他

戀愛

最佳戀愛關係。妳是很會說話的人，他則是溫柔可愛的人。想更加深愛情，除了維持現狀外，妳應更擔負起自己的責任，給他羅曼蒂克的氣氛。他應該會送妳禮物，給妳一個美好的夜。妳是完美的伴侶，富機智而且迷人，他愛妳的一切。

結婚

能創造最佳夫妻關係。妳自傲於自己的美貌，他也能了解妳的性格。為了使婚姻生活更美滿，妳應該對家庭更注意，佈置清爽溫馨的家庭。浴室放綠色擦手巾，每天至少一次將所有門打開，使空氣暢通。為他準備晚餐也很重要。

性

性相合性也蠻好的。他追求性刺激，妳則有點奢求。想提高性能量，可以試著在臥房以外的其他房間做愛。前戲之後，中午十二點在庭院享受魚水之歡。如果不可能這麼做，就將窗戶全部打開，二人在新鮮空氣中做愛。外面空氣對二人而言很重要。

戀　愛	結　婚	性	「速配」性
♥♥♥♥	♥♥♥	♥♥♥	乙

白羊座的妳與獅子座的他

戀愛

當戀人能產生艮好關係。妳是一板一眼的人，他也以妳為傲。想加深愛情關係，當他受人矚目而沾沾自喜時，妳應再給予多一些稱讚。如果妳很自由，那他會約妳到浪漫餐廳或旅館享受。在約會時，至少得吻他的鼻子一次。

結婚

當成結婚對象普通。妳容易嫉妒，他容易以自己為中心。想促進婚姻關係，就得配合他以自我為中心的性格，讓他覺得妳的世界以他為中心。浴室放紅色擦手巾，認真打掃廚房，他的襯衫用熨斗燙平。他一定會更誠實來感謝妳的努力。

性

性相合性普通。他是不錯的戀人，妳則充滿熱情。為了提高性能量，妳應捨棄壓抑心，正確表達出自己的感覺。晚餐後，穿著性感睡衣挑逗他，他會將你壓在床上，讓妳享受精彩前戲及高潮。

戀　愛	結　婚	性	「速配」性
♥♥♥	♥♥	♥♥	丙

白羊座的妳與處女座的他

戀愛

很不錯的戀愛對象。妳很有才華，他是屬於傳統型的人。想加深愛情，應多出去走走，一起在餐廳愉快用餐也很好。他具有昔日的騎士精神，喜歡送妳禮物，或擔任妳的護花使者，表現出紳士風度。約會時，在他唇上吻二次。

結婚

這是最佳結婚對象。他什麼都能給妳，只要妳想要，他都會想盡辦法滿足妳。想使婚姻生活更美滿，請使用氣氛好的窗簾。浴室放白色擦手巾。不用的燈一定要關掉。一起做一些事情，例如一起看電視，可以增進二人的誠實度。

性

這也是性相合性佳的二人。妳處於優勢，他也是不服輸的人。想提升性能量，妳必須比以前更負責。支配他，把他當成妳的奴隸。在前戲時完全居於領導地位，當妳尚未感受到期待中如痴如醉的高潮之前，不要讓他自由。

戀　愛	結　婚	性	「速配」性
♥♥♥	♥♥♥♥	♥♥♥	乙

白羊座的妳與天秤座的他

戀愛

當戀愛對象普通。妳富朝氣、獨立心旺盛，但他卻想控制妳。想加深愛情，試著分開一段時間。再度見面時，向他說明妳希望他對愛情的姿態更現實些。見面時給他熱情的吻。除非妳不在意他，否則聽聽他的忠告很重要。

結婚

當結婚對象不太好。妳不喜歡受拘束，他卻要求傳統型伴侶。想使婚姻生活美滿，就將家庭營運權交給他，他決定的事妳都同意，否則只會使緊張氣氛升高。在浴室放萊姆色擦手巾，穿黃色衣服，使家裡更精緻、更優雅。

性

性相合性也不太好。妳非常熱情，他卻對沒經驗的事感到懷疑。想提高性能量必須用些手段。將家中窗戶全部關閉，躺在客廳沙發上，全身赤裸呼喚他來做愛。在溫柔的前戲之後，讓他處於領導地位，妳一定能玩味如夢般的高潮。

戀　愛	結　婚	性	「速配」性
♥♥	♥	♥	丁

白羊座的妳與天蠍座的他

戀愛

二人都是熱情有勁的最佳戀愛對象。想更加深愛情，請稍微壓抑自己的情緒。因為雙方憧憬過於強烈，會使妳混亂。和他見面時，稍微保守內斂些，他應該會有想保護妳的感覺，注入更多愛情在妳身上。隨時在他唇邊吻一下。

結婚

能度過理想的婚姻生活。妳比較奢求，他則熱情地獻身於妳。想使婚姻生活更美滿，就在浴室放棕色擦手巾，每個房間都放大的鏡子，時鐘必須準確。不論妳想要什麼，他都會想儘辦法滿足妳，妳只管對他提出要求即可。

性

二人的性相合性也是極佳。妳是強勢者，他也是努力追求滿足的人。想更提高性能量，就在二人身上塗些香精，沈浸在香味之中。床頭放一盞明亮的燈，彼此親吻對方身體，享受一小時的前戲，在充裕時間內，你們能得到至極性歡樂。

戀　愛	結　婚	性	「速配」性
♥♥♥♥	♥♥♥♥	♥♥♥♥	甲

白羊座的妳與蛇夫座的他

戀愛

當戀人可維持最佳關係。妳是對事物敏感的人，他是直覺豐富、思慮深的人。想更加深愛情，就不要隱瞞自己的感情。即使妳有秘密，他也能強烈地感應到。在他的背後、手掌抓抓癢，他一定會高興得帶妳看電影、喝咖啡。

結婚

當結婚對象也是最佳人選。妳對家庭不太關心，他卻非常喜歡家的感覺。想創造更美滿的婚姻生活，就將家庭設計全部交給他做主。讚揚他為家庭花費鉅資，他的自尊心與自傲心必可獲得滿足。在浴室掛淺綠色擦手巾，他會永遠愛妳。

性

性相合性也是絕佳。妳不喜歡受拘束，他也不喜歡有隔閡，性方面非常活潑。想更提高性能量，就在固定地方於午後六時做愛。他視冗長前戲與高潮為同等享受。花二個小時探索、刺激他的身體，他也會給妳前所未有的高潮享受。

戀　愛	結　婚	性	「速配」性
♥♥♥♥	♥♥♥♥	♥♥♥♥	甲

白羊座的妳與射手座的他

戀愛

當戀人的關係良好。妳是有體貼心的人，但他的注意力稍嫌不足。想加深愛情關係，妳就得先接受並了解他感覺與妳的關係像冒險。來一頓精緻的燭光晚餐，或讓他有個浪漫之夜吧！你們在運動相關場所約會最幸運，他會由衷重視妳。

結婚

當結婚對象則普通。妳希望成功，他則追求變化。想促進婚姻生活美滿，妳必須明白告訴他，受不了他和其他女性眉來眼去的。浴室放藤色擦手巾、買地球儀、電話擦得光亮都是好方法。就算妳覺得沒什麼打掃，他也會給妳一個舒適的房間。

性

性相合性也普通。妳是需要有人稱讚性的人，但他則是想立刻得到性滿足的人。為了提高性能量，前戲不要太長、太熱衷。立刻進入性行為，讓他享受瞬間的高潮。接著再繼續前戲，不但可使他維持興奮狀態，妳也能達到高潮。

戀　愛	結　婚	性	「速配」性
♥♥♥	♥♥	♥♥	丙

白羊座的妳與魔羯座的他

戀愛

當戀人的相合性普通。妳喜歡與朋友交往，他則不交無謂的朋友。想提升愛情程度，當他出現如暴君般的態度時，妳要勇敢面對，他會驚訝妳的強勢。隨之而來的便是浪漫氣氛，尤其是在他工作進行順利之後。到時候，他會給妳溫柔的吻，輕撫妳的大腿。

結婚

當成結婚對象的相合性普通。妳不屬於家庭之人，他則感覺到在家很難創造幸福。想使婚姻生活美滿，妳得扮演士兵，他則扮演將校。浴室放白色擦手巾，每星期煮二次他喜歡的料理，襪子務必洗乾淨。做完這些事後，妳一定會嘗到幸福滋味。

性

這是性相合性很好的二人。妳很先進，他則追求刺激。想提高性能量，請拆掉地毯，躺在地板上，他喜歡堅硬的觸感，表現出動物本能。短暫前戲後進入主題，二人都能達到高潮。

戀　愛	結　婚	性	「速配」性
♥♥	♥♥	♥♥♥	丙

白羊座的妳與水瓶座的他

戀愛

戀人關係很好的二人。妳對事物稍微有過於投注的傾向，他則是明辨是非講道理的人。想加深愛情，當妳在行動前，必須給他妳很擔心他的感受的印象。妳的意見對他而言很重要，妳的心情能左右他的悲喜。送一束花、獻一個吻、癢癢手心，都是愛情的表現。

結婚

當結婚對象的相合性普通。妳像風一樣進出家庭，他一點也不在意與妳擦肩而過。想使婚姻生活美滿，彼此都得動起來，找出妥協點。浴室放天空色擦手巾，家庭裡外打掃乾淨，客廳主要時鐘朝東。他一定更熱情向妳示好。

性

性相合性也普通。妳很溫柔，他則是對性沒有強烈渴望的人。想提高性能量，晚餐後目送秋波，為他寬衣解帶。褪下內衣，縮在他的懷中，他一定會興奮得要求妳。在短暫的前戲之後進入性行為，妳一定可以和他一起感受到高潮。

戀　愛	結　婚	性	「速配」性
♥♥♥	♥♥	♥♥	丙

金牛座

13星座占星術第三宮

5月14日～6月20日

前期型	中期型	後期型
5／14～5／22	5／23～6／11	6／12～6／20

太陽於每年五月十四日進入金牛座，六月二十日離開。五月十四日至五月二十二日出生的人，多少受到前面白羊座的影響，這些人稱為金牛座的前期型。

前期型的人請讀第二章金牛座與白羊座二項，因為部分受雙重星座影響，而具有兩者星座的特性。要判斷好的戀愛特徵及愛情運，就應該考慮這二種星座。

五月二十三日至六月十一日出生者，為金牛座的中期型，只讀金牛座一項即可。

至於六月十二日至六月二十日出生的人，是金牛座的後期型，必須讀金牛座及下一個星座雙子座。

金牛座的女性

妳是屬於獻身型、依賴心重的女性。不太可能與戀人絕交或與丈夫離婚。假如被他拋棄，妳也會選擇痛苦忍耐。妳的性格適於家庭生活，能創造完美的家庭。妳的愛情非常投入，對於他所付出的努力，妳能感覺到喜悅與滿足。

然而，妳同時也是期待在社會上成功的野心家。只不過野心不為他人所見而已。妳穩健、內斂，表面上看起來是每個人的朋友，實際上內心卻燃燒妒火，希望得到周圍的奢侈品。

妳不懷疑他對妳的獻身及忠實，因為妳知道他不會離開妳。

在家中愛情很纖細的妳，完全讓他著迷。集中注意力觀察他，不僅為他盡力，也要他為妳盡力，而在這背後隱藏的是妳期待快樂人生。妳甚至讓他感覺他沒有妳不行。

妳的奉獻之心，隨著他的成功，在社會上的重要地位，更顯示出價值。為了擁有社會魅力，妳需要能揮金購置豪華家宅的男人。

金牛座的男性

金牛座的男性，具備成為理想戀人的所有資質。雖然有時為了使肉體滿足，而有粗野的性習慣，但身為戀人，他則完全付出，親切寬大且誠實。當他感情不穩而粗暴時，會因為完美的家而平靜下來。他重視家，也重視家的外觀。他熱情愛妳，並且努力給妳世上最好的房子、衣服、快樂。

他常常與社會高階層交往，理由之一是，他是想得到地位、名譽的野心家；另一個理由是，他想進入高級世界，想得到世人所謂的成功。他對美的評價很高，想終身擄掠他，必須具備美姿美儀。

另外，他也經常想為戀人的幸福而奉獻自己的魂魄。其他星座許多人有時會感覺家庭生活無聊，這在他身上看不見。

一旦成家後，他就不會再眷戀單身生活，也不會回顧昔日自由之身時的種種。因為他本來就不認為自由生活有多貴重。

他很注意妳的性慾求，如果妳也同樣在意他，則二人必定是神仙美眷。

【愛情運】將熱情的光投注到他身上，能產生很好的關係。妳好像有時會過於衝動而走錯了路。為了得到調和的愛情，最好穿藍色、靛藍色系衣服，這樣能讓妳充滿魅力。

【戀愛的忠告】如果想和他一起度過愉快時光、維繫良好關係，就不要被路旁炫爛的情境誘惑了。避免紅色系列服裝。

金牛座的愛情測試

蘋果皮不要削斷，慢慢地削成一長條。將皮往左扔，如果呈現○或U形，他就是妳的了。

愛情良藥	山莓、紅酒
性感帶	腳，尤其是大拇趾
性愛重點	有表情的下顎
約會場所	電影院外
幸運色	靛藍色
珠寶飾品	綠寶石墜子
幸運時間	深夜（22:50～01:06）

金牛座的妳與雙魚座的他

戀愛

當戀人的相性良好。即使他陷於空想時，妳仍然會為他付出，想更加深愛情，就習慣在約會時親吻他的嘴唇二下。這項動作會讓他從夢中覺醒，只想到妳的一切。不久之後，他就會送妳禮物，帶妳出遊，充分注入愛情在妳身上。

結婚

當結婚對象的相合性普通。就算他不在，妳也會好好地打點家庭上下。為了使婚姻生活更美滿，請用明亮色彩佈置房屋。浴室掛橘色擦手巾，早餐使用骨製有柄的銀餐具。效果會立即出現，他會變得愛家，還會幫妳做家事。

性

當性伴侶的相合性也普通。彼此想支配對方。想提高性能量，就得由妳這方發起行動。晚上八點，穿上粉紅色性感睡衣挑逗他。他會興奮至極，在冗長的前戲後進入性行為。接下來，妳就能體驗到如痴如夢的高潮享受。

戀　愛	結　婚	性	「速配」性
♥♥♥	♥♥	♥♥	丙

金牛座的妳與白羊座的他

戀愛

很好的戀愛關係。妳是值得依靠的人，他的要求也高。想加深二人愛情，就得注意服裝整齊，對他的意見表示興趣，並加以附合。這樣他會送妳高級寶石或帶妳至國內旅遊，將重心放在妳身上。

結婚

最佳結婚對象。妳會創造一個完美的家，他也愛這個美麗的家庭。想更充實婚姻生活，就將家中照明換成水晶豪華吊燈。浴室放純白擦手巾，用黑色大理石磚更好。你們二人是理想的一對，他也會感謝妳的付出，並以妳為傲。

性

性相合性也不錯。他立刻想要，妳也能配合他的要求。要更提高性能量，請在夜晚熄滅家中一切燈光，用妳的身體在他懷中點燈。二人會達到極致的興奮，玩味絕頂高潮滋味。

戀　愛	結　婚	性	「速配」性
♥♥♥	♥♥♥♥	♥♥♥	乙

金牛座的妳與金牛座的他

戀愛

當戀人的相合性不太好。妳得常常忍受他的蠻橫。想改善目前不和諧的關係，妳就得注意打扮，總是以最美的一面見他。在妳可愛的微笑中，他的蠻橫會減輕，對其他女性也沒興趣。約會時吻二次，他會更注意妳的存在。

結婚

當結婚對象能夠滿足。妳和他都擅長創造溫馨家庭，為了使婚姻生活更完美，妳最好順從他對家庭做的決定。

浴室放藍色擦手巾，木製家具表面用光亮劑磨亮。送他領帶當禮物也不錯。他一定會對妳的誠意有回應。並提高妳的能量。

性

性相合性普通。雙方都太在意對方是不是快樂。要提高能量，妳得放鬆一點。晚上九點過後，穿著誘人睡衣在家中走來走去，他受到刺激一定會將妳壓在床上。在如火焰般強烈的前戲之後，雙方都能發展至絕佳高潮。

戀　愛	結　婚	性	「速配」性
♥	♥♥♥	♥♥	丙

金牛座的妳與雙子座的他

戀愛

能產生最佳戀愛關係。他生氣勃勃而有趣，能讓妳感到滿足。想更加深愛情，就到博物館約會，談談與哲學相關的話題。這能刺激二人的心，尤其他會不惜一切為妳付出。穿著打扮不要太花俏，二人之間會越來越羅曼蒂克。

結婚

最佳結婚對象，妳是位完美的妻子，他在經濟上也讓妳無缺。要使婚姻生活更美好，請在浴室放綠色擦手巾。餐桌擺在朝南的房間，播放莫札特CD。為了家庭，他會不惜花費金錢。只要是能讓妳滿足的場所，對他來說就是最好的。

性

性相合性也屬絕佳。就算他有點冷淡，妳也不在意。要提升性能量，妳得率直地告訴他，妳對性的期望。好好將餐廳打掃乾淨，讓他在這裡為妳寬衣解帶。

在二小時前戲之後，你們便能進入最高潮。

戀　愛	結　婚	性	「速配」性
♥♥♥♥	♥♥♥♥	♥♥♥♥	甲

金牛座的妳與巨蟹座的他

戀愛

戀愛關係很好。妳很實際，他則是重視傳統的人。想加深愛情，不要答應他不當的要求。約會時穿緊身裙，道再見之前在他唇邊親二下。不論身在何處，他都會想到妳，他的愛情確實烙印在妳身上，保證你們能談浪漫之戀。

結婚

當結婚對象的相合性普通。妳期待結婚之樂，他都有點節制。想使婚姻生活順利，就丟掉現在使用的一切烹飪鍋具，立刻重新添購。浴室掛灰色擦手巾，購買庭院用的噴水。這些舉動令他驚訝之餘，他會重新看妳、被妳的付出感動。

性

性相合性也普通。妳希望浪漫的性愛，他卻期待精力十足的性交。要提升性能量，妳必須妥協於他的腳步。在溫柔的前戲開始後，如果他難抑興奮與衝動，妳就敲敲他的臀部讓他放鬆。性交後他會立刻達到高潮，但妳必須讓他持續至妳滿足為止。

戀　愛	結　婚	性	「速配」性
♥♥♥	♥♥	♥♥	丙

金牛座的妳與獅子座的他

戀愛

當戀愛對象普通。妳對他忠實，他卻往往脫線。要加深愛情，妳必須經常檢查衣橱，買不同款式的衣服。眼光停留在其他女性身上是他與生俱來的性質，只要不過分就沒關係，他很浪漫，會約妳到有情調的餐廳，千萬別讓機會溜走了。

結婚

當結婚對象也普通。妳處處為他著想，他卻有我行我素的傾向。想使婚姻生活更美好，妳必須稱讚他的努力，並且讓他看妳為家事付出的姿態。浴室掛棕色擦手巾，玄關採橘色柔暗色照明。和他坐下來聊聊，他一定會買禮物表心意。

性

這是性相合性不錯的二人。妳依賴他，他也想居於優勢。要提高性能量，最好在星期三下午六點做愛。為他從腳趾按摩到頭，妳也讓他按摩。一小時刺激之後，你們都能享受最高樂趣。

戀　愛	結　婚	性	「速配」性
♥♥	♥♥	♥♥♥	丙

金牛座的妳與處女座的他

戀愛

戀愛相合性蠻不錯的。只不過妳追求浪漫的戀情，他卻沒什麼興趣。要加深愛情，就在臉部表現出痛苦表情。當妳牽動他的體貼心，並引起他的注意後，不久他就會帶妳到情調好的場所。二人愛火再度被點燃後，他一定會熱情吻妳。

結婚

當結婚對象相合性普通。妳希望擁有一個溫馨的家，他卻有點吝嗇。想提升婚姻生活境界，就將家中所有照明、空調、電器用品開關關掉，如此他才會認同妳是勤儉持家的妻子。浴室隔一天就放一條深綠色擦手巾。他注意到妳的努力後，應該會為妳所準備的家庭用品表示感謝之意。

性

這也是性相合性普通的二人。妳的慾火熊熊燃燒，他則是只要滿足就好。要提升性能量，妳得居於領導地位，告訴他什麼時候想做愛。將他的鼻子貼到妳胸前，脫掉衣服開始前戲，你們一定能達到高潮。這個經驗也會使他成為性的冒險者。

戀　愛	結　婚	性	「速配」性
♥♥♥	♥♥	♥♥	丙

金牛座的妳與天秤座的他

戀愛

能產生最佳戀愛關係。妳對愛情很細膩，他則很理性。想更加深愛情關係，就送他喜歡的衣服。問問他對妳的裝扮有什麼意見，互相提供意見參考。他會更重視妳、更愛妳。難得的休假及高價禮物都是妳的。約會時吻他的唇五次。

結婚

這也是最理想的結婚對象。他準備精緻的家具，妳為他佈置完美的家。在浴室放有花紋的藤色擦手巾，將水晶玻璃擦得像太陽光照射一樣。晚上為他準備好隔天的服飾。二人的婚姻生活一定更加充實，他也會為妳準備禮物。

性

當性伴侶也稱得上完美。妳很有魅力，他具有本能性。想使性能量更提升，就將性當成一種正式儀式，而非本能。將妳對性的希望、滿足方法寫在紙條上交給他，他一定會竭盡所能地符合妳的期望，而且這是永遠也忘不了的。

戀　愛	結　婚	性	「速配」性
♥♥♥♥	♥♥♥♥	♥♥♥♥	甲

金牛座的妳與天蠍座的他

戀愛

戀愛相合性不太好。就算是妳像天使一樣相待，他也不知道該如何表現自己的愛情才好。想加深愛情，妳必須明白告訴他，請他不要像封建時代支配者一樣，應該重視妳才對。如果他拒絕，就什麼都不要給他。他感受到強硬派女性的魅力後，一定會約妳到有情調的場所，或來趟浪漫之旅。

結婚

當成結婚對象也得考慮考慮。妳嚮往平穩的家庭生活，他卻經常使妳過於激烈。改善之道是在浴室放栗色擦手巾，將所有木製品表面的裝飾品除去。另外再把他的所有領帶丟棄。如此他應該會領悟到他應該盡丈夫的責任。

性

當成性對象相合性亦普通。妳以適度性愛為樂，他卻屬動物性。想提升性能量，請在晚間九點過後，將手放在他的膝上，撫摸他的腳。這時他必定興奮，但妳一定得要他壓抑慾望。接下來開始前戲，妳一定能達到高潮。

戀　愛	結　婚	性	「速配」性
♥	♥	♥♥	丁

金牛座的妳與蛇夫座的他

戀愛

很好的戀愛關係。他善解人意，妳被訶護得很好。為了加深二人愛情關係，妳什麼話都要告訴他，不要有所隱瞞。他以被妳依賴為榮，會發自真心地愛妳，並送妳高價禮物。盡情地吻他的唇吧！只要注意別吻鼻子就好。

結婚

結婚對象相合性普通。妳能成為一位好妻子，可是他有點小孩子氣。想使婚姻生活美滿，妳得配合他年輕時的興趣及遊戲。他在高興之餘，必定會保證給妳愉快舒適的生活。浴室放磚色毛巾，為他擦皮鞋，買暗藍色襯衫給他，情況一定能改善。

性

性相合性也普通。妳很敏感，他以性為樂。為了提高性能量，必須注重前戲，溫柔地撫摸他，他在感動之餘也會同樣對妳。前戲十分興奮後，二人都能體會絕頂高潮。妳也可以輕咬他的頸部。

戀　愛	結　婚	性	「速配」性
♥♥♥	♥♥	♥♥	丙

金牛座的妳與射手座的他

戀愛

戀愛關係很好。他有點反覆無常，但妳都能給予支持。加深愛情的方法是，在人前也手牽手，原諒他有些遲鈍。他感謝妳的體貼，會送妳許多意想不到的好禮。每天親吻他的雙唇，他也會高興得抱起妳繞圈圈。

結婚

這是最佳結婚對象。妳創造一個完美的家，他也是懂得生活情趣的人。如果還想更上一層樓，請取下鐘聲式的門鈴，浴室放淡綠色擦手巾。將他運動得到的獎牌拿出來裝飾，所有外套都要掛到衣架上。他喜歡買高價藝術品裝飾屋子。他熱愛妳。

性

二人性相合性也不差。他喜歡冒險，妳也不排斥。想提高性能量，只要跟著他的領導就對了。不在臥房做愛也可以，裸體躺在廚房地板上，關始溫柔的前戲。不要忘了告訴他，妳希望他配合妳的慾求。一小時候，妳會享受絕佳高潮。

戀　愛	結　婚	性	「速配」性
♥♥♥	♥♥♥♥	♥♥♥	乙

金牛座的妳與魔羯座的他

戀愛

戀愛相合性佳的二人。他有點任性，但妳濃厚的愛情能包容他。一週一次將他任性之處全部告訴他，他喜歡這樣的妳，愛情之火會再度被點燃。妳可以期待他送妳花、巧克力、珠寶，高級餐廳的浪漫約會更是少不了的愛情表現。

結婚

當結婚對象普通。妳屬於家庭，他卻對家庭沒什麽興趣。想使婚姻生活美滿，一個月重新整理一次家具，改變一下擺設。浴室放明亮的橘色擦手巾，將家計簿放在他看得見的位置。他會重新看妳，並為妳找一個合適的家。

性

性相合性也普通。妳的愛情很深厚，但他好像有點無情。想提高性能量，妳有必要刺激他的情慾。穿著性感睡衣，在他面前緩緩褪下。他在狂喜之餘，會興奮地擁抱妳，在短暫前戲之後移至性愛，此舉也可為妳帶來高潮。

戀　愛	結　婚	性	「速配」性
♥♥♥	♥♥	♥♥	丙

金牛座的妳與水瓶座的他

戀愛

最佳戀愛對象。妳很寬大，他也是什麼都能給妳的人。預約他喜歡的餐廳、戲劇，可以使二人愛情更加深。約會時親吻他，手攬在他的腰際，告訴他妳有多愛他，他不在時妳有多麼寂寞。為了妳，只要能力範圍內，他什麼都能做。

結婚

當結婚對象也可滿足。妳佈置完美的家庭，他也以此為樂。想使生活更充實，每天將垃圾桶清乾淨，浴室放綠色擦手巾。早上洗衣服，八點前將衣物曬好。因為家是妳最佳城堡，所以他應該會為妳備齊各項物品，不論奢侈品或便利品。

性

性相合性也很好。妳和他都喜歡有節度的性。想提高性能量，拉下百葉窗，在微暗燈光下開始前戲。在進入性行為前一小時，不要有冒險的舉動，彼此溫柔地刺激，二人都能享受美好的高潮經驗。如果妳願意，重複一次也無妨。

戀　愛	結　婚	性	「速配」性
♥♥♥♥	♥♥♥	♥♥♥	乙

雙子座

13星座占星術第四宮

6月21日～7月19日

前期型	中期型	後期型
6／21～6／25	6／26～7／14	7／15～7／19

太陽於每年六月二十一日進入雙子座，七月十九日離開。六月二十一日至六月二十五日出生的人，多少受到前面金牛座的影響，這些人稱為雙子座的前期型。

前期型的人請讀第二章雙子座與金牛座二項，因為部分受雙重星座影響，而具有兩者星座的特性。要判斷妳的戀愛特徵及愛情運，就應該考慮這二種星座。

六月二十六日至七月十四日出生者，為雙子座的中期型，只讀雙子座一項即可。

至於七月十五日至七月一九日出生的人，是雙子座的後期型，必須讀雙子座及下一個星座巨蟹座。

雙子座的女性

妳是最具知性的女性。最大的武器是與朋友維持精神層面的交往。另外對於戀人，與其單純說是扶養關係，倒不如說妳希望他是妳的人生伴侶。對妳而言，談戀愛與其他活動是不相衝突的，妳不會為了談戀愛而放棄其他活動。當然，那會佔據妳許多時間，應該也有戀人會為妳的興趣如此廣泛而生氣。但只要多加注意，二種不同生活也可能兼顧。

在許多場合，妳都很有能力，能兼顧家庭與工作。此外，妳並非屬於不在乎酬勞而工作型。但雖然妳是「為金錢而工作」，卻是為了提高自己的評價，對於自己的努力要求對等報酬。

妳很洗練、認真，不喜歡零亂、邋遢，也很會操縱他。

妳是傑出的女性，能成為擁有專門工作男性的有能力戀人，妳的本質有點輕浮，他也多少有些擔心。但妳與其他男性來往，主要是為了言談中的頭腦訓練而已，他大可放心。妳的常識及防禦本能很強，絕對不會為了戀人、家庭犧牲自己。

雙子座的男性

雙子座的男性，根本不會產生對戀人的獨占慾。他很風趣、才華洋溢、善於理性交際。幾乎都是在專門領域中工作，例如，製圖、記者、編輯、打字員、工程師、科學家等等。

但一離開工作後，家庭生活就粗枝大葉了。他能夠共享興趣，而他找尋的女性是能待在家裡，當他想改變周圍風景時，她就能配合他改變。如果妳是雙子座男性的戀人，當他與一般人談論一般話題時，妳一定要忍耐聽到最後，因為話中會包含與其他女性有關的訊息。沒錯，他就是有點輕浮。但這只不過是逢場做戲而已，絕對不是真的。

事實上，他是個聰明人，他了解有些事情不做就不會，但有些事做了卻會使自己失去更多。如果他找到能給他人生與個人興趣方向性的戀人，而且這位女性又不囉嗦，不會讓他感到緊張，那麼二人就能築起良好關係。雙子座男性對性態度淡泊，所以需要比較熱衷於此的另一半帶動。

【愛情運】看看熱情的自己，不要總是想變化。穿著白色、銀色、黃色、綠色衣服，使妳在他眼中更有魅力。

【戀愛的忠告】不要再隱藏自己，不要再裝模作樣的假裝冷淡。決定誰才是對妳而言最重要的人，打開妳的心靈讓對方知道。

雙子座的愛情測試

剪二張同樣大小的正方形紙，其中一張塗成黃色。從二樓窗戶同時丟下，如果黃色紙先到達地面，他就是妳的了。

愛情良藥	防風草根、蘋果酒
性感帶	大腿，尤其是內側
性愛重點	微笑時美麗的臉頰
約會場所	學校或公司走廊
幸運色	黃色
珠寶飾品	翡翠項鍊、手鍊
幸運時間	下午（15:12～17:20）

雙子座的妳與雙魚座的他

戀愛

當戀人的相合性普通。他喜歡做夢，妳則不是那麼羅曼蒂克的人。建議妳穿著有女人味的服裝，努力培養有女人味的興趣，這樣應可提高愛情程度。金錢之類的話題太現實，最好避免。他愛妳，一定會帶妳看電影、吃飯。約會時吻他的唇二分鐘。

結婚

當結婚對象的相合性也普通。妳有時候比較懶，喜歡悠閒的生活，他則是比較周到的人。想使婚姻生活美滿，在浴室放淺綠色擦手巾，將他的鞋子擺在朝北方向，買水晶製品放在客廳。如此他將不再挑剔，開始努力發現妳的魅力。

性

性相合性不錯的二人。妳行為有點控制，他則會讓妳感到喜悅。想提高性能量，夜裡一絲不掛地與他做愛。如果他如妳所願，妳要清楚告訴他，妳的感覺有多美妙。累了就休息一下再繼續。

戀　愛	結　婚	性	「速配」性
♥♥	♥♥	♥♥♥	丙

雙子座的妳與白羊座的他

戀愛

很不錯的戀愛關係。妳和他都具有知性。二人同讀一本書，對他的興趣表現出興趣，都可使二人愛情更加深。每天熱情地親吻、牽他的手、摸摸他的下巴，反過來，他也會對妳的興趣產生興趣，會帶妳一起看戲、聽詩歌朗誦。

結婚

當結婚對象普通。妳對家事不太熱心，他則希望完美。想使婚姻生活美滿，每天將家中打掃清潔，他的衣服必須燙平，浴室放粉紅色擦手巾。換新窗簾、新電視。如果妳能遵守這些條件，不論再浪費的物品，他都會捨得買給妳。

性

性相合性普通。妳大而化之，他卻非常認真。妳得再專心於性愛上，才能提高性愛能量。首先，為那個特別的日子計劃一番，彼此甜言蜜語，在燭光中晚餐，共洗鴛鴦浴。接下來是前戲，然後進入性行為，一定能達到渾然忘我的境地。

戀　愛	結　婚	性	「速配」性
♥♥♥	♥♥	♥♥	丙

雙子座的妳與金牛座的他

戀愛

最佳戀愛對象。妳視他與妳的地位相等，他則什麼東西都能給妳。身穿藍色衣裳、配戴藍寶石飾品、噴些香奈兒五號香水，一定能讓妳們的愛情更上一層樓。他為妳著迷，經常送妳禮物。約會時吻他的唇二十五次，他永遠屬於妳。

結婚

這也是最佳結婚對象，妳是完美的「女主人」，他也是欣賞、認同妳。若能更集中於自己想做的工作上，會比妳只專心家事來得有益婚姻生活。家中客廳統一用淡褐色，浴室放淡藍色擦手巾。最好不要養貓。他會給妳一切妳所希望的社會地位象徵，妳更是高級餐廳、宴會中的閃亮之星。

性

性相合性絕佳。妳希望溫和，他很注意妳的要求。想更昇華性能量，請在夜晚八點熄燈，在香味蠟燭火焰下為他寬衣解帶，也讓他為妳褪去衣裳。開始柔美而漫長的前戲，等時機成熟後再移至性行為，幾乎都可達到唯美高潮。

戀　愛	結　婚	性	「速配」性
♥♥♥♥	♥♥♥♥	♥♥♥♥	甲

雙子座的妳與雙子座的他

戀愛

當戀人的相合性普通。妳具有強烈直覺感，他卻一點也不夠激情。想加深戀情，不可考慮羅曼蒂克的小旅行，應該經常到熟悉的餐廳、咖啡廳。與其談論其他戀人如何如何，不如談論一些他有興趣的話題。約會時吻他一次，一定能使他更愛妳。

結婚

當結婚對象不太好。妳不是會默默忍受的人，而他又很不喜歡妳在他旁邊囉嗦。想改善婚姻生活，請買嵌入式音響裝置，房間佈置穩重的氣氛。浴室放萊姆色擦手巾，玄關掛溫馨的家人照片。妳一定可以感覺出他慢慢改變了。

性

性相合性不錯的二人，妳知道自己想要什麼，他卻有點不明白。想提升性能量，就不要穿內褲，只穿緊身裙，刺激他的慾望，但是妳得很有耐心的等他。當他有反應後慢慢開始前戲，一旦時機成熟，二人都融入渾然忘我的境界中。

戀　愛	結　婚	性	「速配」性
♥♥	♥	♥♥♥	丙

雙子座的妳與巨蟹座的他

戀愛

戀愛關係很好的二人。妳很好動，他也能接受。如果妳再纖細些，更能增進二人愛情關係。這樣一來，他會永遠守著妳，讓妳感到滿足。他對女性很溫柔，如果妳在某方面成功，那愛情與禮物會如雨般注在妳身上。約會時吻他七次。

結婚

當結婚對象非常理想。妳對外面的事有興趣，他卻喜歡擔心家中之事。想使婚姻生活更充實，則在浴室放白色擦手巾。家中時鐘調快五分鐘，記得隨時將玄關門關上，刀子、叉子保持光亮。如此一來，不論多高價的家庭用品，他都捨得買。

性

性相合性也很好。妳具現實性、他具官能性。在美食之後，輕柔地撫摸他的腹部開始前戲，能夠更增加性能量。他會立刻受到刺激而撫摸妳的身體。儘量嘗試長時間性交，妳必能經驗至高喜悅。

戀　愛	結　婚	性	「速配」性
♥♥♥	♥♥♥♥	♥♥♥	乙

雙子座的妳與獅子座的他

戀愛

當戀人關係良好。妳知道自己想從戀愛中得到什麽，但他卻是有強烈固定觀念的人。要加深二人愛情，就不要對他有各種要求。配合他的喜好，他一定會高興得約妳上餐廳、參加宴會。你們可以手牽手、親吻度過愉快時光。

結婚

當結婚對象普通。妳是只要求自己快樂的人，但他卻成為妳快樂的中心。想使婚姻關係良好，就在浴室掛有金線的擦手巾，家中不要放髒污的陶磁器。他回家時，妳展現出的魅力很重要，他很重視整齊的妳，再高價的商品也會買給妳。

性

性相合性普通。妳不按牌理出牌，他卻要求全體滿足感。在進行性行為前看看調情書刊，可以提高性能量。他喜歡支配慾望強的女性。經過一小時的前戲，達到興奮狀態時，就能體會飄飄然的感覺。

戀　愛	結　婚	性	「速配」性
♥♥♥	♥♥	♥♥	丙

雙子座的妳與處女座的他

戀愛

他能成為最佳戀人。妳和他都對外面世界感到興趣。想使愛情更加深，請在妳個人活動結束之後，特地與他見面，互相報告活動狀況。儘量拉近彼此的距離，在街頭也可以擁抱、親吻，表示彼此愛情的深度。他熱愛著妳。

結婚

當結婚對象也可以滿足。妳總是留下一些家事未做，他則非常有潔癖。想使婚姻生活美滿，請清楚地向他說明，他有點神經質，而且有點囉嗦。將有銀色線的擦手巾放在浴室，買新的廚房用品，腳趾擦紅色指甲油。他了解妳的努力，一定會更體貼妳。

性

性相合性很好的二人。妳非常謹慎，他也不會要求這要求那的。想提高性能量，就要從消極性中走出來，彼此開誠布公談自己想要什麼。下午四點後，穿著白色貼身內衣開始前戲。癢癢他的背，妳慢慢會享受到椎心刺骨的高潮。

戀　愛	結　婚	性	「速配」性
♥♥♥♥	♥♥♥	♥♥♥	乙

雙子座的妳與天秤座的他

戀愛

當戀人能產生良好關係。妳對金錢沒什麽概念，他則具有判斷力。為了加深愛情，有時請他把妳當成鑑賞對象，批評妳的穿著、化妝、走路方法等等。這能讓妳快樂，他也很高興。他一定會像對待電影明星一樣地待妳、吻妳、送禮物給妳。

結婚

當成結婚對象普通。妳做事認真，他則想決定家中的事，想促進婚姻關係，就買張新椅子，將舊椅子丟棄。浴室放綠色擦手巾，不要養熱帶魚當寵物。為了妳，他一定捨得買豪華家具及廚房器具。

性

性相合性也普通。妳閃閃發光，他卻不喜歡冒險。在傍晚時分開始刺激他，可以提高性能量。在浴室裡拜託他幫妳擦背，在流水及沐浴精香味中開始前戲。持續二小時前戲之樂後再開始性交，妳一定能享受美妙的高潮經驗。

戀　愛	結　婚	性	「速配」性
♥♥♥	♥♥	♥♥	丙

雙子座的妳與天蠍座的他

戀愛

當戀愛對象能夠滿足。妳能與他配合，他也發自真心愛妳。想更加深愛情，就像對待丈夫一樣地對待他，這樣妳自己也很快樂，而且他會很重視妳。約會時吻他的唇九次。他一定會約妳一起看戲劇、上餐廳享受浪漫之夜。

結婚

這是最佳結婚對象。他有時會反覆無常，但妳都能機靈地反應。為了使婚姻生活更美滿，每天都請為他準備他所喜歡的早餐，並為他梳理頭髮。浴室內放粉紅色擦手巾，床舖向西，庭院中種植雪松。為了妳，他應該會買所有便利用品。

性

性相合性也不錯。妳閃閃發光，他是獨占性強的人，為了提高性能量，妳不可將目光流連在其他男性身上，只要看他就好了。有時不妨請他引導，試試比較大膽的性行為。前戲短一點，讓他早點滿足，接著就請他配合妳的需要。

戀　愛	結　婚	性	「速配」性
♥♥♥	♥♥♥♥	♥♥♥	乙

雙子座的妳與蛇夫座的他

戀愛

戀愛相合性不錯。妳很機靈，他也轉得很快。為了提高愛情，不要隱瞞妳的想法，因為就算妳不說，他也能立刻感受到。一旦成為戀人，任何方面他都會讓妳高興。不斷地吻他的唇。在妳安排的燭光晚餐、看電影、觀賞運動比賽中，他感到滿足，一定會更愛妳。

結婚

當成結婚對象普通，妳的自尊心強，他則有些冷淡。想使婚姻生活美滿，在早晨七點之前打開客廳窗戶，浴室中放黑色擦手巾。電視擺置向北，臥室隨時保持整齊清潔。當他注意到這些變化之後，一定會向妳保證讓妳生活舒適。

性

當性對象的相合性也普通。妳直覺好，他理解力強。想提高性能量，希望妳性感些，性感內衣、性感睡衣能讓他耳目一新，他受此刺激會很興奮。甜言蜜語中冗長的前戲對二人而言相當重要。接下來，就盡情享受高潮了。

戀　愛	結　婚	性	「速配」性
♥♥♥	♥♥	♥♥	丙

雙子座的妳與射手座的他

戀愛

當戀愛對象普通。妳的朋友意識強，他尊重社會生活。妳應該更關心他的活動，才能提升二人愛情關係。多下工夫去感受他、了解他，愛情才會有勁。經常打扮自己，讓自己成為一顆亮麗的星星，他一定會為妳著迷、忍不住吻妳。

結婚

當結婚對象不太好。妳不是會待在家裡專心家務的人，但他卻希望妳如此。想使婚姻生活美滿，當他下班時，妳最好待在家中迎接他。浴室準備紫色擦手中，牙刷要常更新，他的襯衫也別忘了洗乾淨。二人關係一定會更好。

性

性相合性也不太好。他立刻能達到興奮階段，但妳卻有點畏縮。房內放一些香味蠟燭，可以提高性能量，二人在燭光搖曳的情境中做愛。前戲長一些，讓他完全放鬆，這是進入高潮之道。

戀　愛	結　婚	性	「速配」性
♥♥	♥	♥	丁

雙子座的妳與魔羯座的他

戀愛

最佳戀人。他決定愛情方向，妳則順從他的決定。若想再使愛情更加深，就相約在橋上，然後到豪華大飯店的餐廳中用餐。坐在餐廳角落位置，彼此含情脈脈地注視對方。他會盡全力符合妳的要求。只要妳在他唇上吻一下，他甚至可以為妳死。

結婚

天生佳偶。你討厭邋遢，他則期待最佳狀態。若想使婚姻生活更完美，星期四將妳的所有手飾擦亮，一天二次在浴室放清潔擦手巾。時鐘全部向南，他的襪子腳趾部分向西排好。如此一來，就算天上仙桃，他也會想辦法摘給妳。

性

性相合性也是超好。妳很快活，他也是有熱情活力的人。為了提高性能量，在前戲時別害羞，大聲地叫出來，或放大聲音樂。花二小時或站、或坐、或躺互相刺激後，再進行性交。不論何時何地，你們都能享受到無限的喜悅。

戀　愛	結　婚	性	「速配」性
♥♥♥♥	♥♥♥♥	♥♥♥♥	甲

雙子座的妳與水瓶座的他

戀愛

當戀人關係不錯。妳很優雅，他很體貼。為了加深戀情，妳的服務應稍微輕便些，這樣與他的性質比較符合。他會溫柔地配合妳的期望及浪漫心情。一小時吻他的唇一次，他應該會帶妳到動物園走走，或親自下廚為妳烹飪美食。

結婚

當結婚對象普通。妳很快活，他則有點退縮。想使婚姻生活美滿，請將家中鈴聲變成有魄力的聲音，電話鈴聲也大一點。浴室中放橘色擦手巾，家中的門不要關。飼養金絲雀不太好。他會慢慢地積極進取，成為標準丈夫。

性

當性對象也普通。妳非常傳統，他的性愛觀則不受拘束。為了提高性能量，每天挑戰不同的性愛方式。換件明亮綠色的睡衣，讓他看見妳若隱若現的身材。他受到刺激便會要求妳。視時機開始大膽的前戲，讓他引導妳進入高潮。

戀　愛	結　婚	性	「速配」性
♥♥♥	♥♥	♥♥	丙

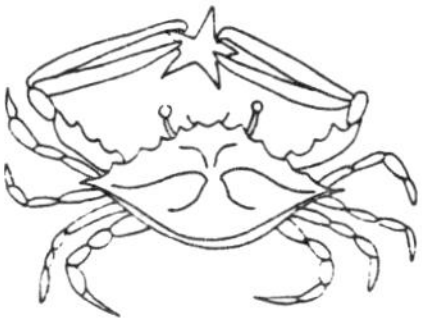

巨蟹座

13星座占星術第五宮

7月20日～8月19日

前期型	中期型	後期型
7／20～7／26	7／27～8／12	8／13～8／19

太陽於每年七月二十日進入巨蟹座，八月十九日離開。七月二十至七月二十六日出生的人，多少受到前面雙子座的影響，這些人稱為巨蟹坐的前期型。

前期型的人請讀第二章巨蟹座與雙子座二項，因為部分受雙重星座影響，而具有兩者星座的特性。要判斷妳的戀愛特徵及愛情運，就應該考慮這二種星座。

七月二十七日至八月十二日出生的人，為巨蟹座的中期型，只讀巨蟹座一項即可。

至於八月十三日至八月十九日出生的人，是巨蟹座的後期型，必須讀巨蟹座及下一個星座獅子座。

巨蟹座的女性

當妳心情絕佳時，很體貼他人，愛情深厚，耐力強、能保護他人，具有順應性，只要是戀人給妳的，不管什麼都能讓妳滿足。妳家的裝飾也依戀人決定，完美而慎重。對於妳這樣的付出，戀人也很尊敬妳。當然，這是星座的作用，讓妳與生俱來擁有這種資質。

妳是充滿愛情的人，只不過偶爾會極端脾氣不穩、反覆無常。另外也有歇斯底里、神經質的一面。妳具有容易與人產生共鳴的資質，簡單而言，也表示妳容易掉進感情世界中。妳希望受保護，實際上妳也經常被保護。但妳有神經質的性格傾向，為了面對人生各種問題，妳需要他的指導協助。

妳的戀人在妳的意象中被理想化，假如他倒下了，妳受到相當大的衝擊。但當妳狀態好時，也會像他全力幫妳一樣協助他。

妳有強烈佔有慾，想完全支配戀人的人生。有時候妳的直覺會讓妳猜中不可思議的事，在戀人的事業方面，能提供超乎預料之外的寶貴意見。一般而言，妳非常女性化，他則喜歡女人中的女人。

巨蟹座的男性

巨蟹座的男性喜歡過「逍遙自在」的人生，但和他一起生活蠻難的。他們分為二種類型。一是支配型，這類型男性愛家，但處事嚴謹，有點囉嗦，有挑小毛病的傾向。另一種是不會支配型，這類男性被動、懶惰、任性，有時會為了金錢、地位而結婚。實際上，不論因什麼理由而結婚，這段婚姻都能帶給他安定及確立的地位，也能擁有舒適的家庭。

所有巨蟹座的男性，都對家庭持有很深的傳統愛情。他的反覆無常、脾氣不穩、感傷癖、在感情方面囉嗦的性格，一般被認為是女性的特徵，說的清楚一點，不怎麼讓人感動與認同。他對戀人全心全意付出。也希望對方如此相待，但是他的這種感情卻變成嚴格的要求，顯得干涉過度了。

沒有什麼能讓他滿足，他總是找得到批判與不平的對象。不論愛情多麼濃厚的戀人，最後都會因為他的強烈佔有慾而感到負擔。他非常官能性，經常探尋性愛刺激，但他平常是很誠實的人。因為他不喜歡被扯進麻煩複雜的事態中，所以他也很不擅長解決複雜的事。他需要的是能像母親一樣照顧他，或對他的錯誤笑一笑原諒他的戀人，還得喜歡他小孩般的缺點。

【愛情運】感情不要藏在心底，顯露於表面才能產生良好的戀愛關係。妳的想法要讓他知道。翠綠及明亮的白色可讓妳呈現令他心醉的魅力。

【戀愛的忠告】不要認為周圍的人會被妳刻意隱藏的羅曼蒂克狀況欺騙。讓他們了解真正的妳。他一定想熱情擁抱妳。

巨蟹座的愛情測試

將房門打開。如果最初通過的寵物或人從右腳進入，他就是妳的了。

愛情良藥	蜂蜜
性感帶	背上部、肩
性愛重點	用手撫摸耳朵時的表情
約會場所	安靜的會議廳或昏暗的餐廳
幸運色	翠綠
珠寶飾品	月長石（moonstone）項鍊
幸運時間	傍晚（18:30～20:20）

巨蟹座的妳與雙魚座的他

戀愛

戀愛相合性良好的二人。妳有女人味，他的愛情也很纖細。要使二人愛情更深，就不要將他理想化。妳必須了解，他也是人，也有許多缺點。另外，看他時眼送秋波，他會以禮物來回應妳的愛情及誠意，也會約妳一起游泳。經常吻他的唇吧！

結婚

當結婚對象普通。妳希望他是妳的龐大依靠與支柱，但卻不太能期待他有什麼貢獻。想加強婚姻生活，可在壁上裝飾抽象畫，家中天花板彩色設計。浴室放天藍色擦手巾。他注意到妳的努力後，應該會在他收入範圍為妳準備最好的家具。

性

性相合性普通。妳很容易被感情感動，但他有他熱衷的事情。想提高性能量，就在星期三晚間十點之後做愛。一起洗鴛鴦浴、互相擦拭身體，從溫柔的前戲開始。進入性行為之前，喝一杯紅茶，妳一定能體驗絕佳快感。

戀　愛	結　婚	性	「速配」性
♥♥♥	♥♥	♥♥	丙

巨蟹座的妳與白羊座的他

戀愛

能產生最佳戀愛關係。妳願意為他付出，他也很羅曼蒂克。想加深愛情就得隨時注意身著與打扮。約會時癢癢他的腹部，親吻他的唇十次。他一定會熱愛妳，帶妳到豪華飯店、餐廳、披薩店，愛情之雨如甘露般降到妳身上。

結婚

當結婚對象也是可滿足之人。只不過對於他的率直，妳常常神經過敏。想使婚姻生活更美滿，餐後請立刻清洗餐具。浴室放紅色擦手巾，收音機向北。他一定會為妳更努力打拚，而且應該會將秘密向妳傾訴，這時候，妳不妨也說出妳的秘密。

性

性相合性也很好的二人。妳是女人中的女人，他性慾也很旺盛。為了提高性能量，試著穿緊身裙，挑逗性地在他面前走來走去。讓他受到刺激在妳身後追逐。這時候開始前戲，一變而為妳順從他，妳不要居於領導地位，才能有絕佳享受。

戀　愛	結　婚	性	「速配」性
♥♥♥♥	♥♥♥	♥♥♥	乙

巨蟹座的妳與金牛座的他

戀愛

非常良好的戀愛關係。妳有濃厚的愛情，他也非常浪漫。為了加深愛情，每天告訴他妳很愛他。至少一天熱情擁吻一次，用親吻代替「再見」。為了妳，他什麼都願意做。由妳來決定場所，休假日和他一起享受戀人時光吧！

結婚

當結婚對象普通。妳有點神經質，他也有點倔強。想使婚姻生活美滿，妳得注意不要三心二意、反覆無常，想想這是因為他的性質使妳如此，不是妳的錯，妳就不會動搖了。浴室放天藍色擦手巾，每星期換新香皂。他應該會給妳舒適的生活當禮物。

性

性相合性也普通。妳想他重視妳，他卻希望自己得到滿足。想提高性能量，只有二人在一起時，試著穿著胸部敞開的衣服，這是使男性心花怒放的好方法。他在興奮之餘會開始挑逗妳。不論多粗野的前戲，妳都要溫柔地接受，才能玩味高潮滋味。

戀　愛	結　婚	性	「速配」性
♥♥♥	♥♥	♥♥	丙

巨蟹座的妳與雙子座的他

戀愛

能產生良好戀愛關係。妳很容易陷於戀情中，他也屬於容易感動者。為了加深愛情，雙方可以使用各種手段，交換愛情信號。每天晚上吻他的唇九次，他不但熱愛妳，還會送妳花、書本當禮物，更會帶妳到豪華餐廳享受燭光晚餐。

結婚

最理想的結婚對象。妳很完美，他愛這種完美。要使婚姻生活更美滿，就要讓他的思念集中。浴室放明亮的黃色擦手巾，他的手錶調快二分鐘，讓他多吃番茄醬。他熱愛妳，應該會竭盡所能地供應妳舒適生活，讓妳沈浸幸福中。

性

性相合性也很好。妳有三心二意的特質，他則有缺乏熱衷的傾向。想提高性能量，在晚餐後依偎在他身旁，藉著這個動作，讓他重新認識妳的愛。在妳的香味與熱情呼吸中，浮現想佔奪妳的慾望。從這樣的前戲至性行為，妳能體驗絕佳快感。

戀　愛	結　婚	性	「速配」性
♥♥♥	♥♥♥♥	♥♥♥	乙

巨蟹座的妳與巨蟹座的他

戀愛

戀愛關係良好的二人。他具有批判性，妳則是具有耐力的人。想加深愛情關係，就戴上妳最有價值的寶石，就連睡覺也戴。如此一來，希望妳閃亮動人的他一定會有反應。每天吻他的鼻子，在他耳邊呢喃幾句。應該會得到他的禮物、擁抱，也會到科學博物館約會。

結婚

當結婚對象普通。他缺點很多，可能需要妳的協助。想提升婚姻品質，將他的襪子全部丟掉，重新再買。浴室放明亮的擦手巾，不要訂報、不要洗車。他受到打擊的同時，妳可以向他提出各種要求，從更新廚房用品出發。

性

性相合性不太好。妳太注重精神上的要求，他則希望妳像母親一樣地照顧他。想提高性能量，請穿著迷妳內褲，呈現妳的肉感。在家中對著他搖屁股走路看看，試著就這樣穿著裙子做愛，妳應該會陷於前所未有的快感中。

戀　愛	結　婚	性	「速配」性
♥♥♥	♥♥	♥	丙

巨蟹座的妳與獅子座的他

戀愛

最佳戀愛關係。妳是不會做壞事的人，他則是世界上最刺激的男性。想加深彼此愛情關係，每週共享浪漫晚餐二次。見面時熱烈親吻，注意他身邊細微的小事。他會愛妳愛得發狂，不管妳要求多高價的服飾，或要他陪妳到狄斯耐樂園，他都願意。

結婚

當結婚對象當然也很理想。妳是自然不做作的人，他是要求高水準的人。想使婚姻生活更美滿，每週清洗窗戶，浴室放綠色擦手巾。水管排水口最好用金色。他的收入十分充裕，應該會讓妳住華屋、穿華服，妳一定很幸福。

性

當性對象也很完美。妳是完美型的女性，他則非常寬大。想更提升性能量，晚上九點後在明亮燈光下，送他一個特別的眼神，他應該馬上就了解妳的意思了。接下來，他會讓妳興奮得喘不過氣來，在燈光熄滅之前開始前戲，一定有絕佳享受。

戀　愛	結　婚	性	「速配」性
♥♥♥♥	♥♥♥♥	♥♥♥♥	甲

巨蟹座的妳與處女座的他

戀愛

戀愛關係很好的二人。妳了解生活的樂趣，他是講求基本享受的人。想加深愛情，就買最便宜的戲票，找最廉價的大賣場、穿舊衣服。節儉不浪費可使二人愛情越來越深。早上九點以前，吻他的唇三次，他高興之餘，一定更愛妳，並以禮物回報。

結婚

當結婚對象普通。妳重視家庭，他有嚴格的一面。想使婚姻生活美滿，就將家中繪畫、裝飾品全都取下。浴室放紅色擦手巾，時鐘向南，不要整理臥室。一陣子後，他會被這種簡樸狀態感動，接著只要是妳喜歡的物品，他都會買給妳。

性

性相合性普通。妳具備一切女性特質，他則有一點頑固。想提高性能量，就在約會時按摩他的肩部，讓他完全放鬆。星期六晚間八點後，穿著明亮的紅色貼身內衣在家中踱步，他興奮之餘便開始前戲。妳能達到前所未有的高潮。

戀　愛	結　婚	性	「速配」性
♥♥♥	♥♥	♥♥	丙

巨蟹座的妳與天秤座的他

戀愛

當戀人的相合性普通。妳很溫柔，他卻是有點不盡情理。每週六和他手牽手在公園中散步，可加深二人愛情。親吻他的唇九次，他應該會送妳珠寶，帶妳去打保齡球或約妳看電影。服裝以輕便為宜，鞋子經常保持乾淨能帶給妳好運。

結婚

當結婚對象也普通。他要求高雅秀氣，妳很有順應性。想使婚姻生活美滿，就將所有家具都用蠟打亮，浴室放紫藍色擦手巾。塑膠製吊架全部丟掉，買大型木製裝飾品擺設在客廳中央最好。相信不論多貴的奢侈品他都會買給妳。

性

當性對象則蠻相配的。妳很性感，他則顯得有點徬徨不定。想提高性能量，請用高價香水，不要穿長統襪，露出美麗的腳趾。他會很興奮，開始長達一小時半的前戲。二人盡可能地進行長時間性行為，一定可體會如夢般高潮。

戀　愛	結　婚	性	「速配」性
♥♥	♥♥	♥♥♥	丙

巨蟹座的妳與天蠍座的他

戀愛

當戀人關係不錯。只不過妳和他都有難以取悅的一面。想加深二人愛情，在晚餐約會時請穿著黑色洋裝，坐在他身旁盯著他的眼睛。他會產生強烈想保護妳的感覺，很自然親吻妳的唇二次。餐後慢慢散步往二人世界出發。休假日他也一定會約妳。

結婚

當結婚對象普通。妳很純真，他倒是很會吃醋。想使婚姻生活美滿，廚房和浴室得用消毒水保持清潔。浴室放深棕色擦手巾，妳的聚酯纖維衣服都丟棄。最好不要養魚。當他注意到妳的變化之後，不論多高價，只要有需要的物品，他就會買給妳。

性

性相合性普通。妳的獨占慾強，他則生性好猜疑。想提高性能量，雙方應該彼此信賴。穿有花邊的誘人衣服，把腹部露出來。在房中手足舞蹈、溫柔地搖曳，可激發他的興奮感。如此一來，妳隨時都可享受浪漫的性愛與高潮。

戀　愛	結　婚	性	「速配」性
♥♥♥	♥♥	♥♥	丙

巨蟹座的妳與蛇夫座的他

戀愛

當戀愛對象可以滿足。妳謙虛、他寬大。想更加深愛情，就常常露出可愛的笑容，約會時親吻他的唇八次。注意不要用力關門、餐具不要隨便放在桌上、杯子不要摔破等。他喜歡妳細心的做任何事，應該會買花、書本送妳。展開美妙的戀情。

結婚

當婚姻對象相合性普通。妳擁有強烈的精力，他則覺得結婚有點無聊。想使婚姻生活美滿，當他在家時，要穿著整齊清潔的服裝。每星期為他烹飪一次，浴室放深橘色擦手巾。他會越來越對家感到興趣，由衷信任妳這位家庭主婦。

性

當性對象也普通。妳穩重、直覺力強，他則容易對人動情。想提高性能量，就不要隱瞞自己的情緒。坦白告訴他，妳需要性滿足，而且這也是他應盡的義務。接著褪去衣物。從現在開始冗長前戲，妳一定可以享受高潮。

戀　愛	結　婚	性	「速配」性
♥♥♥	♥♥	♥♥	丙

巨蟹座的妳與射手座的他

戀愛

他是最佳戀愛對象。妳為他付出一切，他沈醉在愛情喜悅中。想更加深愛情，約會時吻他的唇四次，雙方熱情擁抱。另外，他是注重服飾裝扮的人，所以妳也不可以邋遢。他一定會送一些表達濃烈愛情的禮物，例如花、巧克力、棒球賽入門票等。

結婚

當結婚對象也堪稱完美。妳很完美，他則是敏感的人。想使婚姻生活更好，牙膏蓋一定要關緊，買易開罐牙膏，浴室放綠色擦手巾。入睡時為他唱兒歌，撫摸他的額頭，就像守著孩子一樣。相信不論多豪華的東西，他都捨得買給妳。

性

性相合性也是絕配。妳很容易感應，他則具冒險性。想提高性能量，妳只要穿最少的睡衣側躺誘惑他。他會一刻也不能等待地期盼擁有妳。前戲開始後，請他抱妳上床，然後進入正式性行為，反覆高潮後，相信妳會高興得大叫。

戀　愛	結　婚	性	「速配」性
♥♥♥♥	♥♥♥♥	♥♥♥♥	甲

巨蟹座的妳與魔羯座的他

戀愛

當戀人相合性不太好。妳不太能接受他的意見，他也往往任性而為。想加深愛情，一定要有一方主動。二人在高雅的餐廳享受一頓愉快晚餐吧！然後到狄斯可舞廳跳跳舞，舞蹈結束時熱情擁吻。他的愛情之火會再度點燃，買愛情禮物送妳。

結婚

當結婚對象普通。妳希望協調，他要求自由。想讓婚姻生活美滿，請買電動牙刷、壓力鍋，浴室放灰色擦手巾。買水晶飾品，每個房間至少放二個。他會尊重妳的意志、協助妳。

性

性相合性不太好。妳容易幻想，他則很超然。想提高性能量，就應該現實些，想想現在是在地球上，以現在的性生活為樂。穿著合身的褲子，讓他看見妳優美的曲線。他被刺激後開始前戲，十五分鐘後，妳會享受到興奮高峰滋味。

戀　愛	結　婚	性	「速配」性
♥	♥♥	♥	丁

巨蟹座的妳與水瓶座的他

戀愛

能產生美妙愛情的對象。妳具肉感、他具魅力。想加深愛情，妳的頭髮向後梳，抬頭挺胸小步走。讓他為妳著迷，帶來愛與禮物。晚間六點後，親吻他臉頰九次，他已經非妳莫屬了。

結婚

最佳結婚對象。妳完美無缺，他充滿體貼心。想使婚姻生活更好，就拋棄固定式照明，買新型檯燈，浴室放明亮的綠色擦手巾。準備華德納的CD，在他回家之前，妳將一切準備妥當，讓他一回到家中立刻享受溫馨家庭生活。

性

性相合性也很好。妳是女人中的女人，他是以變化為樂的人。想提高性能量，可以嘟著嘴說：「今天不行！」逗逗他的心情。這時候也要穿誘人緊身裙，挑逗性語氣最好。他會發狂地開始前戲。纏綿悱惻後，他興奮至極，妳也得到絕佳高潮。

戀　愛	結　婚	性	「速配」性
♥♥♥	♥♥♥♥	♥♥♥	乙

獅子座

13星座占星術第六宮

8月20日～9月15日

前期型	中期型	後期型
8／20～8／25	8／26～9／9	9／10～9／15

太陽於每年八月二十日進入獅子座，九月十五日離開。八月二十日至八月二十五日出生的人，多少受到前面巨蟹座的影響，這些人稱為獅子座的前期型。

前期型的人請讀第二章獅子座與巨蟹座二項，因為部分受雙重星座影響，而具有兩種星座的特徵。要判斷妳的戀愛特徵及愛情運，就應該考慮這二種星座。

八月二十六日至九月九日出生的人，為獅子座的中期型，只讀獅子座一項即可。

至於九月十日至九月十五日出生的人，是獅子座的後期型，必須讀獅子座及下一個星座處女座。

獅子座的女性

對於世上有野心的男性而言，妳是條件很好的女性。妳具備一切上流社會的魅力與見解，很會應對進退，也會佈置溫暖的家庭，能成為社區代表人。此外，更可協助戀人的事業。

妳是希望讓自己的戀人與上司見面的女性。妳具有熱情、意志堅定、願意奉獻。追求生涯中的真情，是位很誠實的戀人。妳能為他人付出，願意讓他人了解。

妳的戀人對於妳無怨無悔的付出，並不會表示非常感謝。這對於妳的愛情及性也一樣。

事實上，並不是每個人都對妳偉大的付出有相同回應。妳的態度極端寬大，但如果他比較弱，就變成妳支配他。結果讓他覺得妳像囉嗦的媽媽一樣。

如果妳幸運能與威風凜凜的男性結婚，則妳所具備的一切資質、過剩奉獻、支配慾都沒有了，回歸本來的妳。得到活用家事能力的機會，妳會在社區團體中擔任領導工作，以信任與熱情支持他。只有在強大男性懷抱裡，妳的女性資質才不會被犧牲。

獅子座的男性

獅子座的男性很容易融入家庭生活中。平常的他很大方，在公司裡為了讓戀人有面子，他會慷慨大請客。他不僅以戀人為傲，自尊心也很強，對她的要求很高。他希望戀人以他為中心，凡事以他為主，家庭生活也期待以自己為中心。

他的愛情很纖細，屬於奉獻型，但卻不能忍受無禮的言詞及反抗的態度。在他心中有個戀人應該如何對待他的模型。雖然他的愛讓人著迷，但他卻希望什麼事都依自己所願。他與生俱來富冒險性、充滿熱情，一旦想嘗試就立刻去做。

不過他對人生及愛的態度卻很保守，如果戀人與他行動相同，他便無法忍受，而且還會產生懷疑心。他能夠敏銳判斷一個人的性格。不喜歡失敗，所以他所挑選的戀人一定得符合他的高標準。

他的性情溫和、愛情濃厚，對於人生大問題誠實且熱情，再加上一顆包容的心，使他成為一位值得信賴的人。他是能夠使妳滿足的戀人，尤其如果妳是依靠男性型，則更是如此。

【愛情運】愛情濃厚，有體貼心的話，就會遇到很好的戀人。但愛情和同情可別混淆了。金色系、黃色系、橘色系的衣服能讓妳更突出，在他面前更有魅力。妳真令人神魂顛倒。

【戀愛的忠告】注意不要被誘失身，不要因衝動、享樂而下了錯誤的判斷。以誠意待他，他一定會溫柔地守護著妳。

獅子座的愛情測試

拿一條線綁在金戒指上，以大拇指和食指抓住線頭，將戒指吊在裝水玻璃杯上。放掉手指，如果沈到杯底的金戒指向右側，他就是妳的了。

愛情良藥	鱷梨、白蘭地
性感帶	腹部，尤其是側腹
性愛重點	歪著鼻子時的表情
約會場所	明亮熱鬧的市街中心
幸運色	黃金
珠寶飾品	金錶
幸運時間	深夜（23:02～01:26）

獅子座的妳與雙魚座的他

戀愛

能成為理想的一對戀人。妳很真誠，他很羅曼蒂克。想使愛情更達頂點，妳得找尋新方法，向他表示感謝之意。約會時親吻他的唇十次、牽他的手，在人前也熱情擁抱。他熱愛妳，會約妳到浪漫場所互訴衷曲，或約妳一起去滑雪。

結婚

當成結婚對象相當完美。妳專心照顧家庭，他專心在外賺錢。想使婚姻生活更上一層樓，就將玄關大廳的地板改成義大利大理石（否則玄關以大理石佈置），浴室放白色或金色擦手巾，播放他喜歡的音樂。他一定更熱心符合妳的要求。

性

性相合性屬超群。妳熱情，他也歡喜地回應。要再提高性能量，就在整晚與他共處時，早晨七點以前性交。若是夜晚，就在星期四穿著誘人內衣，七點過後躺在床上開始冗長的前戲。一小時後進入性行為，妳必能體驗激情的高潮。

戀 愛	結 婚	性	「速配」性
♥♥♥♥	♥♥♥♥	♥♥♥♥	甲

獅子座的妳與白羊座的他

戀愛

能創造非常良好的愛情關係。只不過他有時會反覆無常，妳則願意犧牲自己。想加深愛情關係，妳得稍微控制自己的熱情。約會時給他一個吻就夠了。不提他的社會生活，只是默默照顧他。他立刻會注意到妳是多麼地愛他，相信也會以濃厚的愛情來回報妳。接著，他會與妳有個浪漫之約。

結婚

當結婚對象則普通。他有點極端，妳得有更多的努力。想使婚姻生活美滿，就將他的錄音帶、舊鞋子全部丟掉，浴室放深藍色擦手巾。如此一來，他會發現自己太過極端，而有些改變。為了妳的生活快樂，他應該會更努力。

性

當性對象也普通。妳很有魅力，但他卻不太能滿足。要提高性能量，就穿超迷你緊身裙，在房中慢慢踱步，讓他興奮。接著，維持二小時前戲。他一定迫不及待地想得到妳。再下來，妳當然就能夠玩味到令人感動的高潮。

戀　愛	結　婚	性	「速配」性
♥♥♥	♥♥	♥♥	丙

獅子座的妳與金牛座的他

戀愛

當成戀愛對象普通。妳顯得優雅，他則容易受感情羈絆。想加深愛情，和他一起時，請穿著清爽的襯衫，好好地化個妝。約會時在他唇上吻九次，輕柔地用手撥弄他的頭髮。也許他會約妳到有情調的餐廳，或一起觀賞各種表演。

結婚

當成結婚對象也普通。妳是個追求快樂的人，他卻喜歡一個人待在家裡。想使婚姻生活美滿，將椅套取下來，或換沙發，浴室放黃色擦手巾。他會逐漸感到不安，為了使自己安心，便約來許多朋友。如此一來，妳快樂，他也歡喜。

性

性相合性佳的二人，妳知道讓他幸福的方法，他也注意妳的要求。想加深性能量，二人儘量吃天然食品。夜裡穿胸部半露的單件式罩衫，他應該會興奮地垂涎三尺。前戲開始後，他會細心地配合妳的希望。妳會有難忘的高潮經驗。

戀　愛	結　婚	性	「速配」性
♥♥	♥♥	♥♥♥	丙

獅子座的妳與雙子座的他

戀愛

當戀人相合性良好。妳是位優秀的女性，他也是注重精神享受的人。想加深二人愛情，妳可以為了他而買智力測驗書籍或魔術方塊。二人共處時，從一早就不斷親吻，並撒嬌地問：「我們親幾次了？」他一定會為妳著迷而約妳到歷史博物館、餐廳。

結婚

當成結婚對象普通。即使是他熱衷於工作而忽略妳的時候，妳也忠於他。想促進婚姻生活，就買新的調理鍋組，浴室放橘色擦手巾。另外，他的舊襯衫全部燒掉或丟掉。隔天，一定待在家的他會重新評估二人關係，應該會感謝妳。

性

性相合性普通。妳不斷付出，他只是接受而已。想提高性能量，星期六請他來家裡，穿著晨袍見他。一個月後，脫掉晨袍，讓他看妳富有魅力的睡衣。他一定會被妳的姿態震撼，激烈地追求妳。讓他主導前戲後移至性行為，妳必能玩味高潮滋味。

戀　愛	結　婚	性	「速配」性
♥♥♥	♥♥	♥♥	丙

獅子座的妳與巨蟹座的他

戀愛

能產生最佳戀愛關係。妳是像土地般不加裝飾的人，能夠包容具有脆弱一面的他。想更加深戀情，約會時吻他的唇二十次，假裝上流社會的一員，賭一次看看。妳所帶來的未知世界讓他驚喜，會送妳行動電話，預約高價餐廳，並誓言永遠愛妳。

結婚

最佳結婚對象。妳能做完美的家事，他則為妳準備理想的家具。想使婚姻生活美滿，家中請裝飾藝術品，浴室放翠綠色擦手巾，不要養長捲毛狗。他會越來越愛妳，為了妳和這個家，他什麼錢都捨得花，一定讓妳滿意。

性

性配合性也沒話說。妳屬於女強人，他則喜歡被支配。想使性能量更提高，就穿有花邊的衣服，晚上九點走到他身邊，告訴他想做愛。為了妳，他什麼都願意付出。讓他持續二小時前戲，並配合妳的需要為妳帶來高潮。

戀　愛	結　婚	性	「速配」性
♥♥♥♥	♥♥♥♥	♥♥♥♥	甲

獅子座的妳與獅子座的他

戀愛

當戀人相合性不好。妳熱情、他威嚴。想加深愛情得改變成完美的形象。改變服飾造型、染髮並改變髮型。開始游泳，也可到減肥中心運動。經過改變之後，他會將妳當成另外一個人發展關係。在他的唇上吻八次，妳應該能得到他愛的禮物。

結婚

當結婚對象也能夠滿足。妳知道應該照顧這個家，他也喜歡關在家裡。想促進婚姻生活，就買張新桌子，浴室放鮮黃色擦手巾。另外，客廳擺設室內用噴水（如果沒有噴水裝置，擺金魚缸、水中花等有水容器亦可）。他將會對妳的付出表示感謝之意，並承諾給妳更舒適的生活。

性

性相合性普通，妳富有朝氣，但他有時卻喜歡擺架子。為了提高性能量，妳必須露出莊嚴的表情，用餐時與他相對而坐。這是為了讓他受驚而成被動。前戲及性交均由妳來主導。清楚告訴他，希望得到什麼樣的滿足，他應該會符合妳的要求。

戀　愛	結　婚	性	「速配」性
♥	♥♥♥	♥♥	丙

獅子座的妳與處女座的他

戀愛

很好的戀愛關係。妳的脾氣不錯，他也具有熱情。為了更加深愛情，早晨為他準備早餐，二人相對而坐，吻他的唇五次。穿著明亮花色洋裝更幸運。他很浪漫，每隔一小時就會打電話給妳、送花、約妳看戲等等。也會告訴妳他有多愛妳。

結婚

當結婚對象很理想。妳具有魅力，他會為妳準備完美的用品。想使婚姻生活更美滿，客廳請裝飾異國情調植物，浴室放水藍色擦手巾。不要養烏龜。他喜歡妳的氣質，再豪華的禮物也會送妳。

性

性相合性亦佳。妳嬌媚動人，他熱情有勁。想加深性能量，星期六晚間七點，穿上迷人內衣，深吸一口氣後悄悄靠近他，給他一個驚奇的吻，他會如野獸般開始前戲，妳則配合他，讓他抱妳上床。一小時後，妳將享受絕佳高潮。

戀　愛	結　婚	性	「速配」性
♥♥♥	♥♥♥♥	♥♥♥	乙

獅子座的妳與天秤座的他

戀愛

這是可以滿足的戀愛對象。妳喜悅於他的付出，他則喜歡這樣的妳。午後給他一個甜甜的微笑，可以加深二人戀情。習慣性在他唇上吻七次。和他來趟浪漫之旅，妳應該會收到一個大奶油蛋糕禮物，這就是他愛的表示，他喜歡看到妳。

結婚

當結婚對象普通。妳願意付出，但他卻不是容易一起生活的人。想使婚姻生活美滿，多買些墊子放在他背後，浴室放橘色擦手巾。另外，和他說話要慢、清楚。他會休息一下喘口氣，為妳準備妳希望的物品，協助妳建立溫馨家庭。

性

性相合性普通。妳讓他滿足，他則視性為高尚的藝術。為了提高性能量，將頭髮綁起來，身穿絹質衣物，讓自己感覺更神秘些。他覺得妳像藝術品後，會認真開始前戲。不要穿內衣，讓他狂喜地褪去妳的衣裳，享受如夢般醉人高潮吧！

戀 愛	結 婚	性	「速配」性
♥♥♥	♥♥	♥♥	丙

獅子座的妳與天蠍座的他

戀愛

最佳戀人關係。妳是令人心動的女人，他也非常熱情。為了更加深愛情，請穿讓他隱約看見妳美妙身材的衣服。和他約會時，吻他的唇十五次，然後將他的一根頭髮放入妳的口袋中。他會整天想妳，並偷偷打電話告訴妳：「好愛妳！」

結婚

結婚也能產生良好關係。妳具有央央大風，他很誠實。想使婚姻生活更好，就用松木地板佈置客廳，浴室放深灰色擦手巾，廚房牆壁用紅木。他很在意妳，會為妳準備各項用品，包括豎琴。

性

性相合性亦佳。妳浪漫、他寬大。為了提高性能量，從房間另一角對他投予飛吻，挑逗性地背對著檯燈脫下裙子，扭扭身體。他會興奮地想擁有妳。配合他的需要付出，前戲一小時後進入正式性行為，妳一定能體驗絕佳高潮。

戀　愛	結　婚	性	「速配」性
♥♥♥♥	♥♥♥	♥♥♥	乙

獅子座的妳與蛇夫座的他

戀愛

最佳戀人關係。妳是令人心動的女性，他是體貼的男性。想加深愛情關係，妳的手可以放入他的口袋中，或用雙手夾住他的雙頰，吻他的唇十二次。他會愛妳愛得發狂，二人在一起，連天地也動容。預約浪漫餐廳，溫柔地愛撫他吧！

結婚

當結婚對象也沒缺點。妳是完美的伴侶，他也是標準丈夫。想使婚姻生活更美滿，將燈光換得明亮些，浴室放杏仁色手巾。屋簷下或房間內設置可以同看月亮的地方。他是如此地愛妳，為了妳，他什麼高價品都願意買。

性

性相合性屬超佳。妳有強健的身體，他也是具有持久力的人。想更提高性能量，一週約定一天做愛。計畫表中不要有其他活動，關起門、拔掉電話插頭。從早餐前開始彼此愛撫、洗鴛鴦浴，接著享受前戲。到傍晚，必能享受好幾次完美高潮。

戀　愛	結　婚	性	「速配」性
♥♥♥♥	♥♥♥♥	♥♥♥♥	甲

獅子座的妳與射手座的他

戀愛

能成為一對親密戀人。妳是快樂的人，他是運動家。想加深愛情，在每天結束時，到與運動相關的場所約會。親吻他的唇五次，與他一起進行妳所喜歡的運動。他應該會請妳吃冰淇淋、花生、可樂。記得買合身運動服展現身材，頭髮束起來。

結婚

當結婚對象普通。妳重視家庭，他卻不安於家庭。想使婚姻生活美滿，請將多餘的家具丟棄，佈置與運動、休閒有關的家具。浴室放淡紫色擦手巾、淡紫色面紙。他察覺到變化之後，應該會很開心，希望待在家裡享受家庭生活。

性

性相合性普通，妳閃閃發光，但他卻不持久。想提高性能量，妳得下工夫，不要簡單就讓他興奮。用大塊布把自己的臉和身體包起來，等妳想做愛時才取下布。然後讓他看足以令人神魂顛倒的睡衣。前戲開始後，一定能享受絕佳高潮。

戀　愛	結　婚	性	「速配」性
♥♥♥	♥♥	♥♥	丙

獅子座的妳與魔羯座的他

戀愛

能成為良好的一對戀人。妳的感情豐富，他則是很機靈的人。想加深愛情，應放任他約一切社交活動。妳可以讀書、運動、學語文或歷史消磨時間。與他見面時親親他的鼻子、摸摸他的背，他應該會將全部愛情投注在妳身上。

結婚

當結婚對象也很理想。他是位野心家，妳也支持他。想使婚姻生活更美滿，每星期至少在妳豪華的家裡招待朋友二次。浴室放海綠色擦手巾，使用棉質擦嘴巾，另外準備古董餐具。對於妳這位女主人，他會很自豪，由衷愛妳。

性

性相合性很好。妳是很會算準時間的人，他則希望蕩婦型性對象，想提高性能量，就坐在沙發上，將雙腳置於他的大腿上，噴些高級香水，偶爾壓壓他。他在妳的挑逗下越來越興奮，忍不住想立刻擁有妳。請他為妳寬衣後進入前戲，相信妳能玩味驚人高潮。

戀　愛	結　婚	性	「速配」性
♥♥♥	♥♥♥♥	♥♥♥	乙

獅子座的妳與水瓶座的他

戀愛

相合性不好的一對戀人。妳有點極端，他不會幫妳。想加深愛情，就得在現實中努力創造良好關係。為他而打扮、穿高跟鞋。當她看見妳這麼為他努力後，應該會越來越喜歡妳。親吻他的唇五次，瞪大眼睛看他，他應該對妳有特別感覺。

結婚

當結婚對象也不佳。妳是能力強的人，他則凡事都不關心。想一起過婚姻生活，試著一起粉刷牆壁，改變房屋樣式，商量重新買家具。浴室放深綠色擦手巾，買鋼琴，書櫃向北。他會以新鮮的眼光看妳，回應妳的希望。

性

性相合性普通。妳和他都不定型。想提高性能量，就要使性生活更有趣、更快樂。試試看二人都是從不同世界來的太空人，到底該怎麼做愛才好呢？這種挑戰可以引誘妳進入冒險性前戲，並帶領妳到達難以置信的高潮境界。

戀　愛	結　婚	性	「速配」性
♥	♥	♥♥	丁

處女座

13星座占星術第七宮

9月16日～10月30日

前期型	中期型	後期型
9／16～9／24	9／25～10／21	10／22～10／30

太陽於每年九月十六日進入處女座，十月三十日離開。九月十六日至九月二十四日出生的人，多少受到前面獅子座的影響，這些人稱為處女座的前期型。

前期型的人請讀第二章處女座與獅子座二項，因為部分受雙重星座影響，而具有兩者星座的特性。要判斷妳的戀愛特徵及愛情運，就應該考慮這二種星座。

九月二十五日至十月二十一日出生，為處女座的中期型，只讀處女座一項即可。

至於十月二十二日至十月三十日出生的人，是處女座的後期型，必須讀處女座及下一個星座天秤座。

處女座的女性

從某些方面看來，妳能成為最佳伴侶。妳對愛情的看法是，好好協助他在事業上成功。妳很有能力，每天將家事處理得很完美，不但家中井然有序，也燒得一手好菜。此外，妳做事用心而且富效率。事實上，妳的家庭就像很好調整的機器一樣，沒有什麼東西是多餘的，也沒什麼地方沒注意到。

妳原本就是精力充沛的人，但就算是做每天必做的工作，而且這份工作符合妳的資質，妳還是會感到負擔。至於物質方面，例如購物的場合，妳常常顯得囉嗦，東挑西挑的。妳用心地安排收入，極端的場合甚至顯得有點吝嗇。

在生活方面，表面的慣例及傳統的工作，妳都應付得很好。但精神方面的交流、戀愛必要的瘋狂感情就可說不足。妳與生俱來的冷淡，使得被要求熱情時感到不快。就算在妳想做愛時，對於戀人的要求，也表現出是給他恩惠的態度。

深愛妳的聰明戀人，會改變妳這種氣質，讓妳從隱藏的熱情中解放。但妳最大的願望，仍然是希望戀人也和妳一樣有節制，也就是現實的物質主義者。在這樣的環境裡，妳才能談美妙的戀愛。

處女座的男性

處女座的男性在戀愛方面具有熱情，對獨占、個人的感覺沒興趣。大致上，他是保守、接受家庭生活的人。因為他認為這是社會組織的一部分，他視和伴侶的基本生活像經營公司一樣。

大部分場合，他希望單身。但與生俱來的「保守」性格，有必要某個人來保護他。他本身很節制，不會甜言蜜語。不過多少有些吝嗇的個性，使女性有點畏縮。

處女座男性最傑出的資質，是有能力提供戀人舒適、快樂的生活。雖然他有點囉嗦、批判性、難伺候，但同時也是穩重、親切、認真負責的人。他小心守護家庭不要成為物質受害者。

如果他的星座中沒有加入其他刺激因素，他是極平和的戀人。

雖然他的氣質沒什麼支配慾，但他也不喜歡服從戀人。他具有熱情的衝動，心底存在瘋狂遊樂的慾求。

至於性愛方面，熱情的嘗試在他身上看不到，因為熱心與勇氣在他的優先順序中排不上名。他是能夠滿足的戀人，但與冒險、大膽無關。

【愛情運】不要太束縛自己，應該會出現多采多姿的愛情故事。幸福是在妳自由自在行動時才會出現。

想在理想的他面前展現魅力，就穿淡藍、淡金、黃色衣裳及裝扮。

【戀愛的忠告】從四面八方傳來誘惑的聲音，似乎妳會傷害某些人。沒關係，要做出正確的選擇，不要讓他失望，因為他想握妳的手。

處女座的愛情測試

找一本書，將左手食指隨意插入，如果頁數總合為奇數（P96則為9＋6），他就是妳的了。

愛情良藥	煎餅、大蒜奶油
性感帶	臀部
性愛重點	眨眼時的睫毛
約會場所	醫院或廚房
幸運色	淡藍色
珠寶飾品	白金項鍊
幸運時間	白天（10:30～13:30）

處女座的妳與雙魚座的他

戀愛

當戀人相合性不太好。妳隱藏熱情，他性格強度不足。想加深愛情，約會時吻他十次，說聲「我愛你」。每小時吻他的唇一次，並且眼送秋波。總而言之，就是表現心情。妳表達心情的時候，他會為妳著迷，並約妳共進浪漫晚餐。

結婚

當結婚對象也普通。妳是個愛乾淨的人，他則很邋遢。想使婚姻生活美滿，不要每星期都打掃，浴室裡的擦手巾不要換，也不要洗。這時候，他才會了解妳為他做了多麼重要的事，一定更感謝妳，為妳準備新電器用品，並幫忙妳擦家具。

性

性相合性也不太好，妳拘謹，他追求快樂。為了提高性能量，妳應該大膽些，穿著迷人的睡衣挑逗他。盤腳而坐，腳尖晃啊晃地搖來搖去。他會興奮地進入前戲，讓妳感受騰雲駕霧的滋味。一小時後，妳必可享受性高潮。

戀　愛	結　婚	性	「速配」性
♥	♥♥	♥	丁

處女座的妳與白羊座的他

戀愛

能產生良好戀愛關係。妳明朗有朝氣，他非常受人喜愛。為了加深愛情，每星期六為他做美味料理，坐在他身邊與他共享，他會自然地在妳唇上親一下，並在妳耳邊呢喃。輕輕地為他撥弄頭髮，他一定會約妳看電影跳舞。

結婚

這是結婚最佳人選。妳凡事用心注意，他覺得以妳為傲。想更加深婚姻生活境界，就將所有水晶玻璃飾品向東，浴室放檸檬色擦手巾。不要養熱帶魚。他回家時，妳最好做傳統式打扮。只要妳要什麼，他都會為妳準備齊全。

性

當性對象也相稱。他為妳服務，妳以性愛為樂趣。想更提高性能量，就讓香味色裹妳的身體。用高級香皂、香精沐浴，之後再撲些香粉、噴些香水。在衆多混合香味中，他會顯得很興奮，絕對讓妳有個難忘的性愛經驗。

戀　愛	結　婚	性	「速配」性
♥♥♥	♥♥♥♥	♥♥♥	乙

處女座的妳與金牛座的他

戀愛

相性很好的戀人。妳體貼、他溫柔，想更加深愛情，記得隨時隨地抬頭挺胸走路。穿藍色襯衫，動作要敏捷，他很喜歡這樣的妳。他應該會送妳高級飾品及浪漫詩篇當禮物。在他的唇上親吻四次，他一定會更親切地待妳。

結婚

當結婚對象普通。妳是最好的家庭主婦，但他抱怨太多了。想使婚姻生活美滿，就將客廳西側牆壁全部佈置得漂漂亮亮。另外浴室放藏青色擦手巾，妳的睡袍放在地上就好。買個嘀答嘀答聲音大的時鐘放在客廳，他一定有所感觸而認同妳。

性

當性伴侶屬普通。妳會將喜悅的反應表現出來，但他卻不太表現感情。要提高性能量，就買黑色緊身短裙，這會讓妳的魅力完全散發出來。他受到刺激後，會喜悅得瞪大眼睛。由妳來主導前戲，一小時後必能享受高潮滋味。

戀　愛	結　婚	性	「速配」性
♥♥♥	♥♥	♥♥	丙

處女座的妳與雙子座的他

戀愛

能產生良好的戀愛關係。妳很完美，他擁有最高的熱情，想更加深愛情，偶爾在約會時故意遲到，讓他等一會兒。他在等妳的同時也會擔心，這時候更自覺有多麼地愛妳。見面時多吻他的唇幾次，然後輕聲向他說對不起，他會愛死妳。

結婚

當結婚對象是可滿足之人，妳專心理家，他勤於工作。想更加深婚姻生活幸福，就增加水晶餐具，房內擺觀葉植物。浴室放淡黃色毛巾。另外，妳的脖子上掛個小鈴噹，當妳走路時噹噹響，讓他知道妳的位置。他會為妳付出一切。

性

性相合性亦佳。妳有些高傲，他熱心不足。想提高性能量，噴些高級香水在房內，穿著性感比基尼式內衣。在各房間來回踱步顯現魅力，與他交錯時故意碰觸他。他受到刺激會追逐妳開始前戲，一定能讓妳享受高潮滋味。

戀　愛	結　婚	性	「速配」性
♥♥♥♥	♥♥♥	♥♥♥	乙

處女座的妳與巨蟹座的他

戀愛

當戀人關係良好。他具有洞察力，妳和他在一起就洋溢熱情。想加深愛情，晚間七點與他在街道中心約會，然後吻他的唇九次。走在一起時要緊緊靠住，讓他感受到妳美妙的身體。他無法不盯著妳看，一定會約妳上高級餐廳或觀賞戲劇。

結婚

當結婚對象普通。妳和他都有點囉嗦。想使婚姻生活美滿，早餐的餐具放到隔天再處理，浴室放昨天的擦手巾。不要養鸚鵡類小鳥。當他了解囉嗦一點意思也沒有後，便會對妳注入所有愛情，向妳承諾讓妳過舒適的生活。

性

性相合性也普通。他要求更富冒險性的性生活，但妳卻像給他恩惠一樣。要提高性能量，就穿黑色的內衣、內褲及到大腿的長襪，其他什麽都不要穿地站在他面前。他會狂喜地跪在妳腳邊開始前戲，一小時後，妳會體驗絕佳快感。

戀　愛	結　婚	性	「速配」性
♥♥♥	♥♥	♥♥	丙

處女座的妳與獅子座的他

戀愛

是不錯的戀愛對象。妳總是守在他身邊，他也總是因為妳的存在而閃爍光輝。想更加深愛情，妳最好配戴發光飾品，穿粉紅色洋裝。親吻他的唇十次，臉上露出非常高興的表情。他會帶妳至富羅曼蒂克氣氛之處約會，並送妳非高價卻代表真心的禮物。

結婚

當結婚對象非常理想。妳是完美的淑女，他是完美的騎士。想使婚姻生活更美滿，常用不鏽鋼鍋烹飪。浴室放天藍色擦手巾，庭院或陽台種植金盞草。二人是最佳組合，即使不特別努力也能得到幸福。他什麼都能給妳，而且是永遠的付出。

性

性相合性也良好。他喜歡支配，妳則屬於服從型。想提高性能量，妳可以試著扮演充滿苦惱的女性，身穿絹質衣物，裡面穿挑逗性內衣。當他拯救妳時，會被妳內衣的樣式嚇一跳而大叫。二小時前戲之後，妳即可玩味高潮滋味。

戀　愛	結　婚	性	「速配」性
♥♥♥	♥♥♥♥	♥♥♥	乙

處女座的妳與處女座的他

戀愛

當戀愛對象很普通。妳是很小心謹慎的人，他則有點頑固。想加深愛情，約會時要讓他看見妳最好的一面，在他的唇上吻七次，道別時要表現依依不捨的樣子。這樣可使他的心理充滿妳的影子，隔天電話就來了，除了約會還有好禮相送。

結婚

當結婚對象不太好。妳和他都屬於徬徨型。想使婚姻生活美滿，就得在婚姻關係中加些刺激。客廳照明用紅色，浴室放深綠色擦手巾。電視、音響、錄影機收藏一個月後，日常普通生活也不見了。當什麼不一樣的事展開時，二人關係也發光了。

性

性相合性倒是不錯。他在實質行為上能讓妳滿足。想提高性能量，星期三晚間九點過後，在朝南房間做愛。穿著衣服躺在床上，只是不可以穿內褲。難以壓抑的他會開始前戲，纏綿悱惻之後，妳會體會如夢般的高潮滋味。

戀　愛	結　婚	性	「速配」性
♥♥	♥	♥♥♥	丙

處女座的妳與天秤座的他

戀愛

能產生最佳戀愛關係。彼此對對方而言，都是最佳戀人。若要再使愛情更深入，就閱讀最近成為話題的小說，這樣應該與喜歡讀書的他更合得來。晚餐前熱情吻他的唇二次，讓他緊靠妳而坐，在耳邊呢喃私語。他一定會追妳到天涯海角。

結婚

當結婚對象也是絕佳選擇。對他而言，妳是最佳女性，他也沒什麼可挑剔之處。要使婚姻生活更好，請換上精緻高雅的衣服，準備好晚餐等他回來。浴室放高級擦手巾。只要妳想要的東西，他什麼都會買。他熱愛妳這位完美的伴侶。

性

性相合性也屬超群。他有點徬徨不定，妳則以優雅應付。想更提高性能量，在淋浴後，請用高級乳液與香精，然後穿上透明襯衫。他會狂喜地要求前戲，妳也能感到強烈的高潮。

戀　愛	結　婚	性	「速配」性
♥♥♥♥	♥♥♥♥	♥♥♥♥	甲

處女座的妳與天蠍座的他

戀愛

當戀人能產生良好關係。妳習慣服從，他則具有傳統性。想加深愛情，二人一起迎接早晨，享用海苔、蛋、魚干煮的和式味噌湯當早餐，親吻他的唇五次，然後為他做便當。在人前要有禮節，他喜歡有分寸的妳，會買禮物表達心意。

結婚

當結婚對象普通。妳沒有缺點，但他有時卻有點霸道。想使婚姻生活美滿，當家裡的門發出卡—卡—響時不要加油。浴室放深紅色擦手巾。腳髒了也不要擦。也許有點不可思議，但這些必定讓他感受到什麼，應該會承諾給妳舒適生活。

性

性相合性普通。妳很單純，但他就有點粗野了。想提高性能量，請隨時穿著雪白睡衣，尤其注意畫眉，指甲擦大紅色指甲油。這對於他溫柔的前戲，以及對妳的要求敏感很有效果。相信前戲之後，妳必定能享受唯美高潮。

戀　愛	結　婚	性	「速配」性
♥♥♥	♥♥	♥♥	丙

處女座的妳與蛇夫座的他

戀愛

當戀人相合性普通。妳很敏感，他很溫柔。想加深愛情，就得明白告訴他妳在想什麼。不要給他東想西想的機會，也不要讓他有罪惡感。晚餐後，吻他的唇七次，將他緊緊抱住。相信他會訴說「愛妳」，約妳在保齡球館共度愉快時光。

結婚

當結婚對象不太好。妳太有能力，他有點害怕。想使婚姻生活美滿，家庭應該更現實些，不要像消毒過的醫院病房一樣。買水晶飾品，浴室放橙紅色擦手巾。將妳的舊東西全部丟掉，這樣應該會帶來與他有關的新能量。

性

性相合性也不太好。他很冷淡，妳和他步調不同。為了提高性能量，門窗全部關閉，暖氣開到最強，電燈全部打開。二人緊靠而坐，因為熱而拜託他幫妳一件件地褪去衣裳。他對妳的大膽感到喜悅，開始熱烈前戲。妳能享受至高快樂。

戀　愛	結　婚	性	「速配」性
♥♥	♥	♥	丁

處女座的妳與射手座的他

戀愛

當戀愛對象普通。妳從任何方面來看都容易受騙，他則是腦筋轉得快的人。想加深愛情，記得約會時好好打扮一番。仔細聽他說話，想想看有沒有矛盾之處。他驚覺妳的謹慎後，會尊敬妳。晚餐後別忘了吻他的唇四次，也許妳會收到意外好禮。

結婚

當結婚對象也普通。妳喜歡待在舒適的家中，他卻喜歡外出。想使婚姻生活美滿，試著改變髮型，買新衣服，浴室放珊瑚色擦手巾。裝上音色優美的門鈴，他將會感覺到家很有刺激性。為了妳，不論什麼東西他都願意買。

性

性相合性良好。妳富朝氣，他喜歡冒險。想更提高性能量，試試神秘的性方式。在黑暗中穿上黑色睡衣及內衣，將妳細小的手滑在臥房門上，誘導他入內。他會迫不及待地開始前戲，妳也會體驗到前所未有的高潮享受。

戀　愛	結　婚	性	「速配」性
♥♥	♥♥	♥♥♥	丙

處女座的妳與魔羯座的他

戀愛

很好的戀愛關係。妳一板一眼，他是感情豐富的人。約會時穿低胸上衣及緊身裙，可以加深愛情程度。接著吻他的唇二十一次後，遞給他寫滿妳心情的信箋。他也會寫下愛情詩篇，回應妳的熱情，還會約妳一同欣賞古典藝術展。

結婚

當結婚對象也普通。妳很有能力，他很有效率。想使婚姻生活美滿，廚房要裝置最現代化的廚具。浴室放紫紅色擦手巾，妳的房間放與節省能源、國際網路有關的雜誌，他會重新看妳，並表現出愛情，也會為妳備齊許多物品。

性

性相合性也普通。妳是能為他付出的人，但他只希望得到滿足。想提高性能量，就裝得毫不在意。約好到他家，故意遲到一小時。在長外套內，只穿迷人內衣。他雖然生氣，但當妳脫下外套，又會令他狂喜。立刻開始前戲，往高潮之路邁進。

戀　愛	結　婚	性	「速配」性
♥♥♥	♥♥	♥♥	乙

處女座的妳與水瓶座的他

戀愛

理想的戀愛對象。妳是他的女神，他也是妳的最佳伴侶。想更加深愛情，就讓他欣賞妳搖曳生姿的步伐，想像妳美妙的身材。吻他的唇五次，用指尖撥弄他的頭髮。他熱愛妳。二人親密共舞，他會以浪漫小旅行當禮物送給妳。

結婚

當結婚對象也很完美。彼此對對方而言，幾乎沒有缺點。想使婚姻生活更美滿，每天打電話問他是不是愛妳。浴室放深粉紅色擦手巾。他的飲食要購買上等材料。他依賴妳，再高價的物品都捨得買給妳，妳儘管開口就是了。

性

性相合性也特別好。妳很會讓人著急，他則令人喜愛。想更提高性能量，將客廳打掃乾淨，在窗戶邊放水壺開始前戲。一小時後，喝水再繼續。妳炙熱地燃燒著，成為愛情與美麗的女神。難以忘懷的高潮就在妳的掌握中。

戀　愛	結　婚	性	「速配」性
♥♥♥♥	♥♥♥♥	♥♥♥♥	甲

天秤座

13星座占星術第八宮

10月31日～11月22日

前期型	中期型	後期型
10／31～11／3	11／4～11／18	11／19～11／22

太陽於每年十月三十一日進入天秤座，十一月二十二日離開。十月三十一日至十一月三日出生的人，多少受到前面處女座的影響，這些人稱為天秤座的前期型。

前期型的人讀第二章天秤座與處女座，因為部分受雙重星座影響，而具有兩者星座的特徵。要判斷妳的戀愛特徵及愛情運，就應該參考這二種星座。

十一月四日至十一月八日出生的人，稱為天秤座的中期型。只讀天秤座一項即可。

至於十一月十九日至十一月二十二日出生的人，是天秤座的後期型，必須讀天秤座及下一個星座天蠍座。

天秤座的女性

妳具備洗練的高尙魅力，是如蘭花般優雅的女性。對於成功富裕型男性而言，妳能成為理想戀人。此外，妳也很有性魅力，由於個性優雅，妳看起來魅力十足。但實際上的妳，並不像外表看起來那般纖細。妳是能與友人推心置腹，知道為什麼而愛，在家庭能成為丈夫最佳伴侶的人。

妳的特殊才能之一，就是具有調和性。妳本能地了解如何與人相處才能和睦共處，因此很容易活躍於社團中。同時，妳也絕不會忽視戀人，會投注予他所希望的愛情。對戀人而言，妳是不可多得的女性。

大抵上來說，妳很有魅力，總是不乏追求者圍繞身邊。妳希望富變化多采多姿的生活，但卻不喜歡無謂的行動。即使妳發現自己複雜的感情，妳的答案也只有一個。妳不會讓自己為難。

像妳這麼有魅力的人生，有時也會陷於錯綜複雜的情境中，但妳都能適當地處理、應對，深得戀人的信賴。妳是位値得信任的伴侶，熱情、具官能性，要求品質高尙。知性的妳敏感、富直覺力，了解戀人的要求，所以二人能建立良好的關係。

天秤座的男性

天秤座的男性，並不是簡單即可滿足之人。普通、一般家庭的單調生活，捉不住他的心。但是與生俱來熱心尊重傳統的性格，使他自然獲得伴侶的協助。天秤座的戀人相當理性，他有客觀判斷事物的能力，這種優秀的判斷力，使他能夠管理自己的人生。

經營家庭生活的能力，是他最佳長處之一。但墮落的天秤座男性就沒有這股力量了，他們只是表面工夫，而缺乏知性成長。

天秤座的男性會供應家庭生活必要的豪華家具，也會給戀人最好的禮物。他很容易產生熱情，對於愛的感受方式，與其他星座的人不同。對他而言，愛是一種藝術。他的熱情具有壓倒性，會做出巨大愛情表現。但是反過來說，如果他的熱情無法獲得滿足的回答，則失望也比別人深。

他在戀人歡喜回應時，會要求變化進一步誘惑，這就是他的愛情表現。他本能對於未經驗之事存有不信任感，具有讓愛情等一切事物配合他的型與喜好的能力。這種確信使他的愛具藝術性。

【愛情運】 妳濃烈的愛情與他相結合，能產生了不起的能量。想在點燃妳心中愛火的他面前展現魅力，就穿藍色衣服，你很會使人著急。

【戀愛的忠告】 妳希望與他維持長久關係而努力，一定得自己投入此關係中。但避免飽腹後性交，二人一起沐浴最好。

天秤座的愛情測試

喝完茶後，將茶壺中剩下的茶和茶葉一起倒進杯子裡。用左手向右旋轉杯子五次。如果茶葉的花紋是圓形、車輪形或花形，他就是妳的了。

愛情良藥	魚子醬、伏特加酒
性感帶	手、細手腕
性愛重點	唇動時的表情
約會場所	橋上或水邊
幸運色	紫色
珠寶飾品	珍珠項鍊
幸運時間	上午（9:09～11:26）

天秤座的妳與雙魚座的他

戀愛

非常好的戀愛關係。妳聰明、他體貼。想加深愛情，請隨時戴著項鍊，頸部圍條花色輕柔的圍巾，他一定會注意到妳優美的頸子。約會時比他早一點到約會地點等他，他一定很高興，會帶妳到遊樂場或百貨公司等熱鬧場所逛逛。

結婚

最佳結婚對象。妳很優雅、他善解人意。想更提升婚姻關係，將窗簾更新，浴室放淡紫色擦手巾，所有植物都朝東擺。當他在射入房內的朝日中發現嶄新的妳時，喜悅加上驚訝，應該會讓妳過比現在更舒適的生活。他能為妳付出一切。

性

性相合性也很好。二人均具官能性。想更提高性能量，就在表示想做愛後，立刻又說不想做愛了。反覆五次之後，才脫下衣服，讓他看妳性感的內衣。他歡喜又興奮，一定立刻撲向妳開始前戲。妳應該可以享受到絕佳高潮滋味。

戀　愛	結　婚	性	「速配」性
♥♥♥	♥♥♥♥	♥♥♥	乙

天秤座的妳與白羊座的他

戀愛

當戀人相合性不太好。妳雖然有其他對象，但他拒絕那位對象。想加深愛情，就從吸引他注意開始。不論何時都打扮光鮮、穿著整齊地等他。他不能讓別人等，所以見面後一定先給妳一個熱情的吻，然後約妳上餐廳。妳要以「好」來回應。

結婚

當結婚對象普通。妳是有才能的人，他有時候不講道理。想使婚姻生活美滿，妳必須清楚告訴他妳很滿足。家具擦亮，浴室放深紅色擦手巾。讀書讓自己成長，有時和他聊聊書本內容。他一定下班就回家，對家充滿興趣，並答應添購家具。

性

性相合性不太好。他配合的時候，妳的心情反而複雜。想提高性能量，必須要有乾脆的想法。不要害羞，和他一起洗澡，互相擦拭身體，為對方塗乳液，在興奮的狀態下自然開始前戲，進展至性行為，體驗前所未有的快感。

戀　愛	結　婚	性	「速配」性
♥	♥♥	♥	丁

天秤座的妳與金牛座的他

戀愛

最佳戀愛對象。妳很有魅力，他的性格也很好。想更加深愛情，就必須注入妳的吻與熱情，像母親一樣包住他，抱緊他讓他喘不過氣來。為他洗臉、梳頭髮、繫鞋帶。相信在妳的愛情包圍下，他一定熱愛妳，會約妳上餐廳、看電影、到海邊遊玩。

結婚

非常理想的結婚對象。妳是一位完美的伴侶，他也很體貼。想使婚姻生活更美滿，依偎在南向的玻璃窗邊，浴室放寶藍色擦手巾，然後放些輕柔音樂。他會永遠尊敬妳，只要他有能力，就算妳想要一座城堡，他也會為妳建造。

性

性相合性也極佳。妳具有完美的資質，他是注意力強的人。為了提高性能量，臥房放義大利大理石檯，中央鋪波斯地毯。讓他在地毯上為妳一件件褪去衣裳，妳也為他寬衣解帶。在長時間愉快的前戲之後，妳會玩味好幾次高潮。

戀　愛	結　婚	性	「速配」性
♥♥♥♥	♥♥♥♥	♥♥♥♥	甲

天秤座的妳與雙子座的他

戀愛

當戀人能產生良好關係。妳直覺力佳，他是很風趣的人。想加深愛情，請記得在下午三點想他。這個時間他也在想妳。他想和妳見面，所以每晚都拒絕朋友的邀約。這時妳要穿合身的棉褲，說不定他會約妳一起去美國旅遊。

結婚

當結婚對象普通。妳很有自信，但他則需要妳給他方向。想使婚姻生活美滿，買二張搖椅，如果有庭院，就買庭院用鞦韆。浴室放檸檬色擦手巾。當妳無聊時，二人坐在搖椅或鞦韆上閒聊，相信他一定願意為妳買高級家庭用品。

性

性相合性也普通。妳希望滿足，他則對性冷淡。想提高性能量，必須讓他丟掉漠不關心的態度。不僅用言語，更用態度挑逗他。穿上亮綠色的睡衣，做出嫵媚的表情引誘他。受到誘惑後，他會立刻開始前戲。一小時後便能玩味高潮。

戀　愛	結　婚	性	「速配」性
♥♥♥	♥♥	♥♥	丙

天秤座的妳與巨蟹座的他

戀愛

戀愛相合性普通。妳絕非不在意，他也具有善良的資質。想加深愛情，可以試著對他說：「你是個花心大蘿蔔！」他會認為妳在吃醋，一定比以前更疼愛妳。如果他在妳耳邊甜言蜜語，妳就吻他的鼻、耳、顎、唇。也許他會送妳一趟海外之旅。

結婚

當結婚對象也很普通。妳是值得信賴的人，他是與家庭融合為一的人。想使婚姻生活美滿，晚上故意忘記關掉電源開關，浴室不要放擦手巾。當他感覺到不自由之後，會重新認識這個有妳存在的家，而且也會答應協助妳。

性

性相合性不錯。妳的愛很單純，他有點孩子氣。要提高性能量，就像母親一樣地對待他。與其穿性感睡衣，倒不如採取傳統式裝扮更能讓他興奮。另外，對他嚴格一點，接下來再誘導他進行前戲，妳應該能享受到精采的高潮。

戀　愛	結　婚	性	「速配」性
♥♥	♥♥	♥♥♥	丙

天秤座的妳與獅子座的他

戀愛

很好的一對戀人。妳很有魅力，他很喜歡和妳在一起。想加深愛情，和他一起出席重要場合時，務必刻意裝扮一番，他想炫耀妳。只有二人相處時，不時地吻他的唇，抱緊他在耳邊吹氣，他應該會以浪漫的禮物回應妳。

結婚

當結婚對象也普通。他不容易討好，妳被他弄得暈頭轉向。想使婚姻生活美滿，必須慎選一切家具及家庭用品，浴室放淡紫色擦手巾。此外，星期四在十點以前上床，他會認為妳善於安排，必定允諾為妳備齊舒適生活用品。

性

性相合性也普通。妳屬於敏感型，他則非常安全。想提高性能量，每週日早餐前花時間慢慢享受性生活。夜晚一起看電視時，可以彼此用腳尖挑逗對方，感受對方的能量。接下來配合前戲往氣氛的場所移動，一定有意想不到的高潮。

戀　愛	結　婚	性	「速配」性
♥♥♥	♥♥	♥♥	丙

天秤座的妳與處女座的他

戀愛

能成為一對最佳拍檔。妳是完美的伴侶，他充滿羅曼蒂克的氣氛。若想使愛情更上層樓，不論做什麼事都二人一起做，讓時間成為共有。熱情親吻他的唇九次，為他扣襯衫鈕扣、打領帶。他會送妳浪漫繪畫，帶妳逛街。

結婚

能成為最佳婚姻伴侶。妳絲毫不怠慢，他對妳十分寬大。想使婚姻生活更美滿，有時用銀刀叉進餐，浴室放深紅色擦手巾。另外，請在廚房唱歌。妳對音樂在行，他很喜歡妳的歌聲。為了舒適的生活，不論多貴的物品，他都捨得買。

性

性相合性也屬絕配。你是無從挑剔的戀人，他想居優勢地位。為了提高性能量，外出吸收新鮮空氣。接下來讓他感受妳的香味。他會了解多麼地新鮮與自然。向純潔的妳求愛後，開始二小時的前戲，妳會玩味絕佳高潮。

戀　愛	結　婚	性	「速配」性
♥♥♥♥	♥♥♥♥	♥♥♥♥	甲

天秤座的妳與天秤座的他

戀愛

當戀人關係良好。妳具調和性，他容易流於單調。想加深愛情，必須仔細遵守每天課程，這樣他才能知道妳什麼時候在什麼地方做什麼。晚間七點一定吻他的唇七次。另外，二天和他穿相同衣服。他會更愛妳，並贈送愛的禮物。

結婚

當結婚對象普通。妳是位好伴侶，但他太過於沈著。想使婚姻生活美滿，即使深夜也不要熄燈，浴室放紫色擦毛巾，妳的腳要仔細洗乾淨。客廳的電器插座要裝飾一下，買有過濾器的咖啡壺。他感覺到不同後，也會買新家具給妳。

性

性相合性不太好。妳很誠實，他卻疑東疑西。想提高性能量，必須提出徹底解決對策。首先，穿純白衣裳，假裝是清純的處女。接下來，向他說明也許能爲他做些什麼。在他的不信任感中開始前戲，他看見妳迷人的內衣後，會給妳絕佳高潮。

戀　愛	結　婚	性	「速配」性
♥♥♥	♥♥	♥	丙

天秤座的妳與天蠍座的他

戀愛

當戀人能產生良好關係。在激進的他面前，妳成為一位纖細的女性。想加深愛情，記得穿暖和點再外出，穿流行服、戴高級飾品。在家穿得單薄些，讓他看見妳優美的曲線。他很喜歡這樣的妳，相信一定會給妳一個熱情的吻。

結婚

最佳結婚對象，對於妳所做的事，他表示非常感謝。想使婚姻生活更美滿，在他下班回家之前，準備好香味燭檯。浴室放栗子色擦手巾，買紅色腳踏車。為了妳，就算要他游七個大海他也願意。妳想要的物品，他什麼都肯買。

性

性相合性亦佳。妳富直覺力，他喜歡隨心所欲。要提高性能量，每星期上二次健康運動中心或美容沙龍，把自己塑造得亮麗些。他很重視美麗又健康的妳，親吻之後，必定觸摸妳每一寸肌膚。前戲開始，一小時後進入高潮世界。

戀　愛	結　婚	性	「速配」性
♥♥♥	♥♥♥♥	♥♥♥	乙

天秤座的妳與蛇夫座的他

戀愛

不錯的戀愛對象。妳有能力，他有很好的性格。想加深愛情，在二人共處的早晨，吻他的唇二十次，然後將早餐送到他的床上，襯衫用刷子刷乾淨。為他烘焙他喜歡的蛋糕，並注入大量愛情。他會以浪漫愛情詩篇回應，也許會約妳觀賞芭蕾舞劇，或來趟潛水之約。

結婚

最佳結婚對象。妳很單純，他則是可讓妳完全依靠的大柱子。想使婚姻生活更美滿，買白木製成的桌子放在客廳中央。浴室放杏仁色擦手巾。他絕對敵不過妳的任何希望。如果妳願意，要他步行繞地球一周，他也不會反對。

性

性相合性也不錯。妳很有魅力，他很有方法。為了提高性能量，離開精神層面，集中注意力在得到身體的喜悅上。理性在這時候捨棄，穿上黑色皮衣展現氣氛。命令他裸體待命，開始前戲後讓他為妳脫衣服，二小時後，妳一定享受絕佳高潮。

戀　愛	結　婚	性	「速配」性
♥♥♥	♥♥♥♥	♥♥♥	乙

天秤座的妳與射手座的他

戀愛

戀愛相合性不錯。妳很細心，他有人情味。想更加深愛情，就一起看浪漫的錄影帶，彼此沈醉在其中，也請抱住他的腰。下午六點過後，不斷吻他的唇，他會約妳吃飯、看電影，讓妳有個難忘的浪漫之夜，也會送妳高價禮物。

結婚

當結婚對象普通。妳沈著穩重，但他卻反覆無常。想使婚姻生活美滿，當妳必須碰水時，請戴上手套，以避免手粗糙。隨時讓他撫摸妳那雙美麗的手。浴室放淡紫色擦手巾。相信他一定會為妳準備妳一直想要的高級品。

性

當性對象普通。妳是想滿足的人，他則喜歡冒險。想提高性能量，首先讓他喝杯綠茶，藉著綠茶讓他放鬆，抑制其冒險慾望。接下來親吻，挑逗性地慢慢在他四周走來走去。前戲開始一小時後，他一定能讓妳享受高潮滋味。

戀　愛	結　婚	性	「速配」性
♥♥♥	♥♥	♥♥	丙

天秤座的妳與魔羯座的他

戀人

當戀人能產生最佳關係。妳什麽都能給他，他也以二人關係為樂。想加深愛情，約會後送他回家，他會深深感受到被妳的愛包圍。可能的話，還可為他做可口的便當，一天打三次電話給他。他不但愛妳，還會讚美妳，不斷吻妳。

結婚

當結婚對象也能夠滿足。妳具備完美的資質，他則有點貪得無厭。想使婚姻生活美滿，重新調整客廳家具，浴室放藤色擦手巾，另外再買張新床。不論誰都認同妳在家中的份量，他對妳更是感謝，一定會為妳做最大努力。

性

性相合性不錯。妳優美，他缺少一些細膩。想提高性能量，請穿著絹質衣服，表現出痛苦的神情。他注意到妳後，會再重新認識妳的優美，並逐漸被迷惑。如果他對妳提出要求，就答應他溫柔的前戲。二小時候，妳也能享受高潮。

戀　愛	結　婚	性	「速配」性
♥♥♥♥	♥♥♥	♥♥♥	乙

天秤座的妳與水瓶座的他

戀愛

能產生良好戀愛關係。妳要求強烈的牽絆，但他卻是相當開放的人。想加深愛情，妳得隨時保持香味，讓他碰觸妳。約會時給他十一個吻。為他縫補襯衫上的鈕扣。他會向妳訴說他有多愛妳，大概也會送妳紅寶石這種高價禮物。

結婚

當結婚對象普通。妳很體貼，他卻有點任性。想使婚姻生活美滿，玄關舖紅木色地毯，喝礦泉水，浴室放藍色擦手巾。對於他喜歡的運動也表示關心，試著與他一起運動。只要為了家庭、為了妳，他什麼東西都願意買。

性

性相合性也普通。妳喜歡挑戰性，他卻不是這種人。想提高性能量，也許可以激發他的慾望。用手做挑逗性的動作，在房內踱步使氣氛柔和。他被妳壓倒後開始前戲，但前戲開始後就順從他，聽由他擺佈。一小時後便能品嘗絕佳快感。

戀　愛	結　婚	性	「速配」性
♥♥♥	♥♥	♥♥	丙

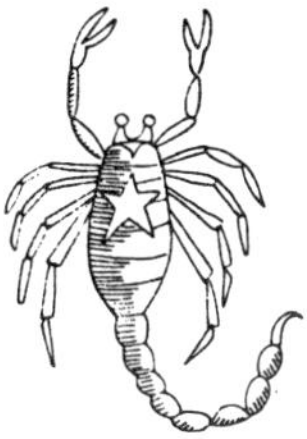

天蠍座

13星座占星術第九宮

11月23日～11月29日

前期型	中期型	後期型
11／23～11／24	11／25～11／27	11／28～11／29

太陽於每年十一月二十三日進入天蠍座，十一月二十九日離開。十一月二十三日至十一月二十四日出生的人，多少受到前面天秤座的影響，這些人稱為天蠍座的前期型。

前期型的人讀第二章天蠍座與天秤座二項，因為部分受到雙重星座影響，而具有兩者星座的特徵。要判斷妳的戀愛特徵及愛情運，就應該考慮這二種星座。

十一月二十五日至二十七日出生的人，稱為天蠍座的中期型，只讀天蠍座一項即可。

十一月二十八日及十一月二十九日出生的人，是天蠍座的後期型，必須讀天蠍座及下一個星座蛇夫座。

天蠍座的女性

妳被戀人泿漫地保護著，非常具有女性本能。認真地掌握愛情，當他是妳的最佳戀人之時，妳對家庭的責任很傳統。但當狀況改變時，妳便會一改本來態度，變成隨心所欲的人。

妳誠實而勇敢，並不需要特別的氣氛來保護愛情。愉快地盡自己的責任，並歡喜接受戀人的付出。妳很有才能，但如果妳成為家庭主婦，妳則會將這些能力與熱情注入在家庭裡。妳喜歡豪華，非常拘泥屋內家具設計、擺飾。在妳費心佈置的獨特家庭氣氛當中，妳心裡會產生激烈的感覺。

妳無遠慮而大膽，不論做什麼事都具有熱情，那是從妳內心深處湧出來的。對於戀人，妳的奉獻也很完美，但不會將他當成偶像崇拜。妳接受人生的方式很現實，對戀人也是如此。其實妳對自己也一樣，不害羞、不畏懼地表現自己。

妳的性慾強，要求充分滿足。一而再再而三的要求，卻導致妳的對象動物性慾望及滿足受到壓抑，反而讓妳後悔。妳要求能與妳產生同感的性快樂，所以需要強而有力的戀人。

天蠍座的男性

天蠍座的男性，平和、保守的生活是最難應付的戀人之一。能與他合得來的戀人只有一型，那就是接受他的想法、服從他的指示，是一種完全順從。他是典型的封建君主，在家裡像國王一樣專制。

他常常會對戀人表示極端的反應，這種個性怎麼也改不過來。結果，他只得嘗到失敗的戀愛苦果。他往往在追尋自己希望的戀人之路上成功，因此他有點自恃。

但他激烈的個性與強烈的占有慾，對於為他付出的戀人而言，是相當沈重的負擔。不論戀人多麼愛他、重視他，他的性質都屬於秘密主義，生性多疑，時常懷疑戀人是不是欺騙他。

這種狀態在戀人之間多少會發生，但他的情況是發自心底深處的怒火與嫉妒心，這把火將他整個人蓋住了，使他永遠存有懷疑心。他對戀人的愛情程度無庸置疑，只是感情移入方式就不得而知了。

他的性慾求占了人生的大部分。慾求大，不斷要求滿足。但不可思議的是，他的性格中存在著一個強烈的性愛模型，他自己也為此而煩惱。當慾望滿足後，他又會悄悄誓言自制。

【愛情運】如果妳衝動的愛沒有點燃嫉妒心，就會產生良好關係。深溝花紋系列衣服能讓妳展現魅力，擁有在性及家庭方面均可滿足的伴侶。在他眼中，妳是美麗動人的女性。

【戀愛的忠告】當妳至遠方旅行時，會有與他相遇的機會。這時候，妳要走在他前面，妳走路的姿態及優美的臀部曲線，令他著迷。

天蠍座的愛情測試

在裝有乾淨水的容器內滴幾滴蠟燭的蠟，仔細觀察蠟如何落下。如果蠟不是凝結在一起，而是分開的小點，那就是妳的了。

愛情良藥	蝸牛、白酒
性感帶	背部下側及身體側面
性愛重點	魅力的眼睛
約會場所	狄斯可舞廳或流行娛樂場
幸運色	棕色
珠寶飾品	鑲紅寶石腰帶
幸運時間	深夜（23:29～2:05）

天蠍座的妳與雙魚座的他

戀愛

能產生良好戀愛關係。妳誠實、他思慮深。想加深愛情，就多讀些哲學、思想方面的書。有時二人到小木屋，妳送他合他品味的書，並問他哲學方面的問題，然後在他唇上親五下。他很愛妳，也許週末會有個讓妳嚇一跳的計畫，準備滑雪鞋來趟浪漫之旅吧！

結婚

當結婚對象普通。妳愉快地工作，他什麼也不擔心。想使婚姻生活美滿，請買新烤麵包機，浴室放白色擦手巾，桌面塗上紫紅色。他注意到不同之後會開始感覺不安。但不久之後他便會了解妳為什麼這麼做，一定會為妳準備豪華家庭用品。

性

性相合性也普通。妳有精力，他是只追求滿足的人。為了提高性能量，由妳掌握主導權，正確告訴他妳想怎麼樣。激情性愛在星期六最好，不必擔心做愛時間及疲勞。在客廳慢慢開始前戲，接著移動至床上，享受最高樂趣。

戀　愛	結　婚	性	「速配」性
♥♥♥	♥♥	♥♥	丙

天蠍座的妳與白羊座的他

戀愛

理想的一對戀人。妳很有女人味，他是與妳非常相配的男性。想更加深愛情，晚餐後熱情親吻他，在他的頸子後側吹氣，輕輕告訴他對他的思念。他一定會送妳花，為妳寫浪漫情詩，帶妳到季節旅遊地區郊遊，每天告訴妳有多麼愛妳。

結婚

最佳結婚對象。妳很會安排，他很有品味。想更提高婚姻層次，客廳擺一些上等古典家具，照明稍微暗一些。浴室放棕色擦手巾。他應該喜歡穩重的格調。接著，告訴他妳的一切希望。

性

性相合性相當好。妳追求滿足，他是不死心的性慾要求者。要提高性能量，就不要靜靜地等待他的愛撫，試著穿挑逗性內衣誘惑他。前戲開始，讓他特別在妳的胸、腹、手、足、舌等部位逗留。二小時後，妳也能體會絕佳高潮。

戀　愛	結　婚	性	「速配」性
♥♥♥♥	♥♥♥♥	♥♥♥♥	甲

天蠍座的妳與金牛座的他

戀愛

當戀人相合性不太好。他粗暴，妳有不安定感。要加深愛情就乾脆一點。用雙手夾住他的頭親吻他，告訴他妳有多麼想他，記得一定要充滿熱情。相信他一定會表現出前所未有的體貼，也會約妳上羅曼蒂克餐廳。

結婚

當結婚對象普通。妳和他都是安於家庭的人。想使婚姻生活美滿，廚房裝上淨水器，浴室放藍色擦手巾。注意浴缸的水不要滿出來了，因為水對他而言，具有特別象徵意義。他一定更希望和妳一起待在家裡，享受家庭溫馨。

性

性相合性不太好。妳期望過度，他卻沒這麼熱衷。要提高性能量，可以和他一起入浴，為他按摩全身，並仔細檢查他的性感帶。性行為時，前戲要儘量激烈，把他的頭髮都弄到臉前面。他打自內心想得到妳，一定努力使妳興奮。

戀　愛	結　婚	性	「速配」性
♥	♥♥	♥	丁

天蠍座的妳與雙子座的他

戀愛

能產生美妙戀情的對象。妳的心很樸實，他則充滿熱情。為了加深愛情，晚餐後輕輕告訴他，好想讓他抱在懷裡，並傳達自己的愛情。接著吻他的唇七次，讓他感受到妳的香味，也允許他撫摸妳的胸部。他會帶妳到寧靜花園，接下來就看妳了。

結婚

理想結婚對象。妳具傳統性，他也喜歡待在家裡。要使婚姻生活更美滿，房內放芳香劑，讓香味四散。他對香味敏感，很高興處於芬芳香味中。此外，每晚仔細舖好床舖，浴室放鮮黃色擦手巾。為了妳，他不惜添購高價家庭用品。

性

性相合性也絕佳。妳寬大、他心地善良。要提高性能量，每星期六的晚間，穿上合身T恤後噴些適合他品味的香水，請他來妳家。靠在他身邊，讓他感受到妳的香味。他一定會興奮地激烈要求妳，長時間前戲後，妳一定能享受高潮。

戀　愛	結　婚	性	「速配」性
♥♥♥	♥♥♥♥	♥♥♥	乙

天蠍座的妳與巨蟹座的他

戀愛

當戀人相合性良好。妳的感情豐富，他也富感性。想加深愛情，約會時做粉紅系列打扮，粉紅衣服、鞋子、化妝。粉紅色會讓他的心綻放開來，要求妳的慰藉。約會時吻他的唇十次，計畫浪漫之旅，六月中的週末最好。他會訴說對妳的愛情。

結婚

當結婚對象普通。妳和他都喜歡奢侈品。想使婚姻生活美滿，每個房間都放最好的椅子，放大型裝飾品。浴室放淡灰褐色擦手巾。有時穿著傳統式保守型衣裳，讓他發現妳穩重的一面，相信妳所說的話，他一定言聽計從。

性

當性對象也普通。他好色，也希望妳能配合他。要提高性能量，得更大膽一些。依時間、場所而改變體位，進行實驗性做愛。常常穿著紅色睡衣，二人交互主導前戲，妳應該能享受高潮。

戀　愛	結　婚	性	「速配」性
♥♥♥	♥♥	♥♥	丙

天蠍座的妳與獅子座的他

戀愛

能產生最佳戀愛關係。妳很會製造氣氛，他則非常寬大。想更加深愛情，約會時像小貓一樣摟緊他，不要離開他身邊。親吻他的唇，也咬咬他的嘴，有時向他眨眨眼。他非常愛妳，每天訴說對妳的思念。除了花、書之外，還有更浪漫的約會。

結婚

當結婚對象也可以滿足。他希望成為被注意的目標，而妳很率直。想使婚姻生活更美滿，房屋設計成田園風格，浴室放桃紅色擦手巾。不要養金魚。這些都可使二人放鬆，尤其可以提高妳的能量。他應該會為妳備齊電器用品等。

性

性相合性亦佳。他有支配慾，妳則採取寬容態度。要提高性能量，可以一起泡熱水澡，用力為他擦背。接著請他站起來，為他清洗每一寸肌膚。然後互相為對方擦乳液，二人甜言蜜語一番。興奮地開始前戲後一小時，必能體驗如夢般的高潮。

戀　愛	結　婚	性	「速配」性
♥♥♥♥	♥♥♥	♥♥♥	乙

天蠍座的妳與處女座的他

戀愛

戀愛關係良好。妳熱情，他有些游離不定。想加深愛情關係，注意隨時裝扮自己，當個順從的戀人。注意自己在他眼中是不是最完美的戀人，有禮貌地在他臉頰上吻一下。讓他吃驚的新潮裝扮、輕薄的態度、言詞都是禁物。他一定會約妳到高級場所吃飯、看劇場。

結婚

當結婚對象普通。妳有很多興趣，他卻很有節制。要使婚姻生活美滿，就將屋內裝飾縮小至最低限度，浴室放乾淨的綠色擦手巾。餐具一天洗一次就好了。妳的節儉正符合他的要求。了解妳的努力之後，他會更敬愛妳。

性

性相合性也普通。妳激情、他謹慎。要提高性能量，得由妳主動牽著他的手，引導他上床。觸摸他敏感的部位，或揉或癢地刺激他。他被點燃慾火後，會興奮地開始前戲，妳居於前導地位帶領他，一小時後必定能體會絕佳高潮。

戀　愛	結　婚	性	「速配」性
♥♥♥	♥♥	♥♥	丙

天蠍座的妳與天秤座的他

戀愛

能成為不錯的戀人。妳會製造羅曼蒂克的氣氛，他是崇尚自然的男性。要加深愛情，就以素淨的一張臉見他。找個機會，與他約會時穿超短迷你裙，握住他的雙手，在他唇上吻九次。他一定怎麼也忘不掉妳。練習搖滾舞，在五十年代風格俱樂部約會更能加深愛情。

結婚

最佳結婚對象。妳的責任感強，他明辨事非。想使婚姻生活更好，買掛鐘放在客廳，浴室放紅色擦手巾。裝飾在客廳的花，特別注意配合季節性及配色。他認同妳的設計，一定協助妳創造理想家園。

性

性相合性很好。妳要求滿足，他很靈巧。為了提高性能量，週末在旅館房間不停地做愛。買幾件性感內衣，每次做愛更換不同內衣，以創造不同氣氛。在旅館內有需要時，請服務生服務，不要外出，體會數次極致高潮。

戀　愛	結　婚	性	「速配」性
♥♥♥	♥♥♥♥	♥♥♥	乙

天蠍座的妳與天蠍座的他

戀愛

當戀人的相合性不太好。妳不會說話，他是不好相處的人。想加深愛情，就請更親切地待他。注意他的喜好，即使妳沒什麼興趣，也儘量配合他。他提議去哪裡就去哪裡，給他熱情的吻。他會重新認識妳，一定與妳有浪漫之約。

結婚

當結婚對象是可以滿足之人。妳很會做家事，他則以有主導權感到幸福。要使婚姻生活更美滿，就裝燈泡照明器具。浴室放淡紫色擦手巾。二人一邊看電視一邊玩填字遊戲。有了些微改變之後，他一定會為妳準備豪華臥房家具。

性

當性對象普通。妳不知滿足，他則任性而為。要提高性能量，就將性特別看待。計畫做愛的日期，一定要等到這一天才可以做愛。時間越逼近，二人的情緒會越興奮。預定日期過冗長前戲之後，一定會有場難忘的高潮。

戀　愛	結　婚	性	「速配」性
♥	♥♥♥	♥♥	丙

天蠍座的妳與蛇夫座的他

戀愛

能產生良好戀愛關係。妳很體貼，他很敏感。想加深愛情關係，說出妳藏在心裡的小秘密，然後在他唇上吻十一次。另外，不要忘記在他面前好好裝扮一番。他非常感謝妳肯對他說出自己的秘密，也會對妳進行愛的告白，與妳浪漫相約。

結婚

當結婚對象很普通。妳很會做家事，他卻是邋遢的人。想使婚姻生活美滿，就將他脫在地板上的衣服，原封不動地放到庭院或陽台。浴室放橘色擦手巾，屋內角落處的灰塵打掃乾淨。他受到刺激後會反省，為妳買台新洗衣機。

性

當性對象也普通。妳的性慾強，他卻不太提得起勁。為了提高性能量，配合他的狀況決定妳的界限。請妳忍耐。看見這樣子的妳，他反而會要求妳。一開始會很謹慎，不久在妳的領導下開始前戲，讓他快樂居於優勢，妳也能享受高潮。

戀　愛	結　婚	性	「速配」性
♥♥♥	♥♥	♥♥	丙

天蠍座的妳與射手座的他

戀愛

最佳戀愛關係。妳認真掌握愛情，他也大膽地談戀愛。為了使愛情更加深，二人獨處時，整天吻他的臉頰、雙唇，而且穿緊身服裝讓他看出妳曼妙的身材。另外，也別忘了讓妳的香味四溢。相信他除了愛情告白外，還有愛情禮物。

結婚

當結婚對象很理想。妳會製造完美的家庭，他是最值得依靠的人。想使婚姻生活更上一層樓，就讓他吃蒸蔬菜。浴室放淡紫色擦手巾，最好準備家計簿。只要妳隨時不忘讓自己富有魅力，他會一輩子待在妳身旁為妳而活。

性

性相合性也良好。妳有性慾，他要求滿足。為了提高性能量，穿著睡衣雙手高舉擺出迷人姿態。一邊搖擺身體，一邊將肩膀靠向他。他會跪在妳的腳下，激烈地要求妳，忘了前戲而反覆享受高潮。

戀　愛	結　婚	性	「速配」性
♥♥♥♥	♥♥♥♥	♥♥♥♥	甲

天蠍座的妳與魔羯座的他

戀愛

當戀人能產生不錯的關係。妳嫵媚動人，他溫柔體貼。為了加深愛情關係，多戴些戒指及手鐲，並選擇長耳環。接著，輕輕地親吻他，晚餐點魚。他驚訝於妳的成熟之美，一定向妳訴說多麼愛妳。還會約妳看電影、看劇展。

結婚

當結婚對象普通。妳喜歡整齊清潔，他卻是有點難伺候的人。要使婚姻生活美滿，客廳佈置熱鬧氣氛，房間設計清爽。浴室放藍色擦手巾。當他返家時，最好播放他喜歡的音樂，隨著音樂節奏，他會穩定下來，也會為妳準備高級家具。

性

性相合性也普通。妳具有魅力，他追求快樂，為了提高性能量，做愛時試試玩撲克牌。輸的人得照贏的人的要求動作。領巾與絲巾是刺激的小道具。前戲後吃冰淇淋，接著立刻再開始做愛。相信妳一定能沈醉在高潮享受中。

戀　愛	結　婚	性	「速配」性
♥♥♥	♥♥	♥♥	丙

天蠍座的妳與水瓶座的他

戀愛

當戀愛對象普通。妳和他都是體貼的人。要加深愛情，就撫摸他的下顎，親吻他的雙頰，抓抓他的屁股，以親膚關係相待。每星期寫張愛情簡短信，相信他永遠都是妳的。打扮成他喜歡的樣子，請他帶妳四處去，妳也可期待他的金飾禮物。

結婚

當結婚對象也普通。妳是什麼家事都做的人，他也令人滿意。想使婚姻生活美滿，家的外觀擦乾淨。浴室放黑色擦手巾。另外，在家附近就穿緊身棉質褲。家中最好多擺些觀葉植物。不論妳有什麼願望，他都會配合妳。

性

性相合性不錯。妳富冒險性，他則有點內向。為了提高性能量，請穿花色長裙，儘量露出甜美的笑容，試試看假裝害羞的樣子。他受到激勵後會轉強，嘗試更大膽的性行為。在他的配合之下，妳可以玩味不同的高潮滋味。

戀　愛	結　婚	性	「速配」性
♥♥	♥♥	♥♥♥	丙

蛇夫座

13星座占星術第十宮

11月30日～12月17日

前期型	中期型	後期型
11／30～12／3	12／4～12／13	12／14～12／17

太陽於每年十一月三十日進入蛇夫座，十二月十七日離開。十一月三十日至十二月三日出生的人，多少受到前面天蠍座的影響，這些人稱為蛇夫座的前期型。

前期型的人讀第二章蛇夫座與天蠍座二項，因為部分受雙重星座影響，而具有兩者星座的特性。要判斷妳的戀愛特徵及愛情運，就應該考慮這二種星座。

十二月四日至十二月十三日出生的人，稱為蛇夫座的中期型，只讀蛇夫座一項即可。

十二月十四日至十二月十七日出生的人，是蛇夫座的後期型，必須讀蛇夫座及下一星座射手座。

蛇夫座的女性

妳是接收戀人的感情、感覺之理想器具。但這種像海綿一樣吸收他人心情的資質，也是產生問題的原因。在所有的星座當中，妳是最容易動感情的人。因此在感情高漲的重大局面中，妳會讓自己與戀人的問題同化了。當妳有所覺悟而想抽身時，已經呈現進也不是，退也不是的兩難狀態。

在家庭方面，即使零亂的屋子妳也不在意，悠閒自在地過日子，一點架子也沒有。妳有時喜歡向他人說理，這時候看起來就有些傲慢了。雖然妳不柔弱，但得注意疲勞引起的疾病。

對於追求知性刺激的人而言，妳是最佳伴侶。因為妳絕不會受到打擊，而且可以調和戀人的感情、感覺。所以在某種程度範圍內，妳有辦法了解他內心的計畫，以及能否達成目的。

妳的雙重個性，使妳在親切、敏感之餘，也有冷淡、超然的一面。這種相反的感情，會使戀人感到一團亂。在性愛方面，妳視自己與他的身體像機器一樣，與其說性愛是一種冒險，倒不如說是二人機械化的機能。這方面也讓戀人困擾。

蛇夫座的男性

蛇夫座的男性，給人一種冷淡的印象，不容易推心置腹。然而，他的本質是體貼、親切，有直覺力，而且寬宏大量。另外，他會一直掛念著讓伴侶得到最大快樂。他對妳的付出感到欣喜，在所有層面上照顧妳。他應該會送妳珠寶、服飾、家庭用品等，這些是為了掩飾他本身的不完全。他期待藉此彌補其潔癖。

他的最大長處，就是能夠感覺出妳的想法，因為他屬於最細心的星座。當他感到無聊時，他期望妳能陪他打電腦、散步。

他最大的缺點，是感情勝過理性時，就會抹刹一切地完全退出，就連對妳也不例外。對於這種行為，他不會道歉，因為他希望妳了解，在緊張狀態中抽身是有必要的。對於他這種要求，如果妳向他抗議無法忍受，他的這種態度就會瓦解。

他有能力、懂道理，也知道如何彌補錯誤。如果妳願意，可以讓他為了妳而利用自己的才能至最大極限。他在性方面很積極，尤其視冗長前戲與性行為同等重要，甚至更能得到快樂。

【愛情運】偶爾解除警戒冒險看看。也許會受傷，但一定是有價值的經驗。最好穿橘色、金色、灰色、銀色系列衣服，這樣必能使他為妳奉獻心力。妳是令人心蕩神馳的女性。

【戀愛的忠告】妳是不是想恢復昔日與他的關係？妳一定得有非重大的決心及正確選擇。時常和他面對面，這樣他才看得到妳深呼吸而起伏的胸部。

蛇夫座的愛情測試

用力吹蒲公英或類似的花種。如果一口氣就將種子吹散，他就是妳的了。

愛情良藥	薑、萊姆酒
性感帶	纖細的手腕及下顎
性愛重點	臉傾斜時的表情
約會場所	酒吧或咖啡廳內、寺廟境內
幸運色	橘色
珠寶飾品	鑽石耳環
幸運時間	上午（8:17～10:47）

蛇夫座的妳與雙魚座的他

戀愛

當戀人相合性不太好。他是不講求現實的夢想家，妳受不了這樣的他。想加深愛情，妳應該更敞開心扉，依偎在他的懷裡撒嬌。吻他的唇十三次，每次都得緊緊依靠，也送他愛的詩篇。他一定會更現實，讓妳看他有興趣的場所，約妳去俱樂部，並送鑽石給妳。

結婚

當結婚對象也不太好。妳對家事沒什麼興趣，他也不怎麼會賺錢。想使婚姻生活進步，每週將屋子內外打掃乾淨，浴室放白色擦手巾。請他移動他的油畫位置，他注意到變化後，會提議買家具或廚房用品。不要養小白鼠。

性

性相合性普通，妳很機械化，他則相當困惑。想提高性能量，穿緊身短裙，加上合身T恤，並穿上妳所買的最性感內衣。以嫵媚的表情撫摸他的雙頰。當他看見妳性感的內衣後，會激情地展開前戲。相信妳可以體驗絕佳高潮。

戀　愛	結　婚	性	「速配」性
♥	♥	♥♥	丁

蛇夫座的妳與白羊座的他

戀愛

能成為一對親密戀人。彼此對對方而言，都完美得沒有缺點。為了加深愛情，約會時吻他的唇二次，道別時一定要揮手，並眼送秋波。他會愛妳愛得發狂，期待永遠待在妳身邊。上旅館時穿性感衣服，他的眼光一刻也離不開妳。

結婚

最理想的結婚對象。妳很有能力，不拘泥形式，他也是挑不出毛病的人。想使婚姻生活完美，裝空調，浴室放紫色擦手巾。茶杯柄全部向東。在家穿工作褲，他下班時一定要在家等他。只要妳想要的物品，沒有一樣他會反對。

性

性相合性也是最佳組合。妳很大膽，他具有魄力。想更提高性能量，二人一起入浴，互相為對方抹香皂、擦身體。之後妳全身塗上高級乳液及香水，在放鬆氣氛中享受冗長的前戲。經過二小時的歡樂享受，妳會體驗如夢幻似的高潮。

戀　愛	結　婚	性	「速配」性
♥♥♥♥	♥♥♥♥	♥♥♥♥	甲

蛇夫座的妳與金牛座的他

戀愛

當戀人相合性不錯。妳溫柔、他奉獻。想加深愛情，當一起用餐時，妳不斷地褒獎他，並吻他的唇十二次。他腦海中充滿妳的模樣，會反覆思索怎麼使妳高興。妳必能享受他的俱樂部之約，以及浪漫的情調擁舞。也許他會送妳寶石飾品。

結婚

當結婚對象普通。妳不太屬於家庭，他卻非常喜歡家的感覺。想使婚姻生活美滿，應下工夫使客廳呈現溫暖氣氛。浴室放青綠色擦手巾。早上八點以前，妳可以哼哼歌，讓他更感受到家的氣氛。相信他會為妳購買豪華家具。

性

性相合性也普通。他體貼，但妳卻不怎麼用心。為了提高性能量，向他投予飛吻，嘟著嘴作出性感的表情，走路時試著擺腰搖臀。妳所展現的魅力，會令他興奮得像要窒息一樣。前戲開始後一小時，妳一定能體驗絕佳高潮。

戀　愛	結　婚	性	「速配」性
♥♥♥	♥♥	♥♥	丙

蛇夫座的妳與雙子座的他

戀愛

當戀愛對象普通。妳暢快、他卻很容易陷入感情的漩渦。為了加深愛情，妳為他做飯，讓他看見妳具有女人味的一面。但是妳在廚房的手腳一定要靈活俐落。吻他的唇十一次，然後露出甜甜的笑容。他被點燃愛火後，會約妳看海，享受高級餐飲。

結婚

結婚相合性也普通。妳不拘形式，他也反覆無常。想使婚姻生活更好，二星期內，每天變化客廳家具配置。浴室的擦手巾每天更換不同顏色，他在的時候，每小時換件衣服。他會變得很有朝氣，一定會為妳準備高級家具。

性

性相合性不錯的二人。妳喜歡探險，他卻有點冷淡。為了提高性能量，在他看得見之處放一面大鏡子，一面卸裝一面對他做出勾引的表情。鏡中的妳穿綠色睡衣。他會興奮地開始要求妳，前戲開始後不久，妳想不興奮也難。

戀　愛	結　婚	性	「速配」性
♥♥	♥♥	♥♥♥	丙

蛇夫座的妳與巨蟹座的他

戀愛

能產生良好關係的一對戀人。妳體貼，他有點愛抱怨。想加深愛情，打扮整齊、保持穩重。吻他的唇十四次。看看羅曼蒂克小說，像書中主角一般對待他。他很高興，會對妳更親切、更溫柔，相信也會約妳觀賞精采戲劇。

結婚

當結婚對象普通。妳有點草率、粗魯，他卻很保守。想使婚姻生活加強，餐後立刻清洗碗盤，浴室放綠色擦手巾。準備好用餐後，搖了下鈴通知他。他會高興地為妳買高級廚具。

性

性相合性也普通，妳什麼都想了解，他卻猶豫徬徨。為了提高性能量，盡可能買新床，晚上八點後叫他躺在床上，為他全身按摩。他會慢慢地興奮起來，這時喝杯茶喘口氣，妳換上性感睡衣。他高興得開始前戲，一小時後必能享受絕佳高潮。

戀　愛	結　婚	性	「速配」性
♥♥♥	♥♥	♥♥	丙

蛇夫座的妳與獅子座的他

戀愛

能產生最佳戀愛關係。妳熱情、他為妳著迷。想更加深愛情，一起到公園野餐。為他準備他喜歡的便當，在人前也不害羞地接吻，儘量達到十五次，他應該會對妳輕輕耳語，約妳到富羅曼蒂克的高原。為了妳，要他與情敵決鬥也可以。

結婚

最理想的結婚對象。妳能成為最佳伴侶，他具刺激性。想使婚姻生活更完美，每晚招待朋友來家裡。浴室放明亮的橘色擦手巾。他表現出女主人的風範，讓他在朋友面前感到自豪。

性

性相合性也是絕佳。妳看起來架勢十足，他也是想居於優勢的人。為了提高性能量，做愛前沖個冷水澡。裸體躺在他身上，讓他喜悅地狂叫，進而要求妳做愛。記得前戲的時間要盡可能地拉長，妳只等著迎接如夢似幻的高潮吧！

戀　愛	結　婚	性	「速配」性
♥♥♥♥	♥♥♥♥	♥♥♥♥	甲

蛇夫座的妳與處女座的他

戀愛

當戀愛對象不太好。他太過於認真，妳卻想冷卻下來。為了加深愛情，找一天什麼大小事都不要做，只用心裝扮自己。用心挑選衣服、梳理頭髮、仔細化妝。與他見面時，給他一個熱情的長吻，請他答應妳一個美麗的約會。一定會發生刺激的事。

結婚

當結婚對象也普通。妳具有知性，他是屬於家庭的人。想使婚姻生活美滿，忍耐一個月不要讀書，注意家裡要打掃乾淨。浴室放藍色擦手巾。湯匙柄全部向北。下午二點後大聲唱歌，會有好事造訪。他一定會認同妳的努力。

性

性相合性不太好。他只單純地要求滿足，所以妳提不起勁。為了提高性能量，妳靠在他身邊，輕咬他的耳朵，在他頸邊吹熱氣。接下來離開臥室，換上能挑起他慾望的睡衣。向他招招手，他一定會興奮地跪在妳腳下，讓妳達到高潮。

戀　愛	結　婚	性	「速配」性
♥	♥♥	♥	丁

蛇夫座的妳與天秤座的他

戀愛

能產生良好的愛情關係。妳的愛情很深，他也很熱情。為了更加深愛情，在約會日子的下午四點過後，開始深深思念他。一面想他一面打扮自己。見面時吻他的唇二十次，拉拉他的鼻子、在耳邊吹氣。他一定對妳注入更多愛情，並以鑽石相贈。

結婚

最理想的結婚對象。妳很悠閒，他是優秀的男主人。想使婚姻生活更完美，全部窗戶都擦亮，讓日光射入屋內。浴室放紅色擦手巾。如果能學習某種樂器更好。他敬愛妳，妳的笑臉足以使他奉獻其一生。他的茶杯隨時保持乾淨。

性

性相合性也很好。妳充滿活力，他有點徬徨不定。為了提高性能量，妳最好穿著整齊，溫柔地為他奉茶。然後脫掉外衣，讓他看妳挑逗性內衣及曼妙身材。用手擺出刺激他的姿勢，他會激動地展開前戲。二小時內，妳盡情玩味高潮吧！

戀　愛	結　婚	性	「速配」性
♥♥♥	♥♥♥♥	♥♥♥	乙

蛇夫座的妳與天蠍座的他

戀愛

當戀人的關係不錯。妳很敏感，他很誠實。要加深愛情關係，最好每天倒立十分鐘。見面時穿起迷你短裙，吻他的唇十七次。然後充滿愛意地對他微笑、拉他的手。他應該會訴說他心底對妳的思念。你們必定有浪漫之約，沐浴在彼此愛情中。

結婚

當結婚對象普通。妳有點邋遢，他很像暴君。想使婚姻生活美滿，就將藍色服裝全部丟掉，浴室放明亮的橘色手巾。買二張搖椅。他一定會注意到妳是多麼地忍耐與努力。為了使家庭更完美，他會為妳準備舒適用品。

性

性相合性也普通。妳不想接受衝擊性做愛，他卻希望如此。為了提高性能量，當他提出不同做愛方式時，妳要假裝吃驚的樣子，而且表現出受到大打擊的表情。他會興奮地喜上眉梢，開始激烈的前戲。妳一定能享受絕佳高潮。

戀　愛	結　婚	性	「速配」性
♥♥♥	♥♥	♥♥	丙

蛇夫座的妳與蛇夫座的他

戀愛

當戀人相合性普通。妳很敏感，他則很固執。為了加深愛情，必須使雙方的感覺調和。妳的手在他身後交叉，然後吻他的唇七次。這樣能產生艮好能量，當然也會使他更愛妳。他會送妳書本。

結婚

當結婚對象不太好。妳常常外出，他覺得妳應該待在家中。想使婚姻生活美滿，在他下班回家時，妳盡可能待在家裡。浴室放紫色擦手巾，廚房地板用大理石磁磚。

如果妳想和朋友外出，就約在白天，一星期二次就好。他了解妳後，一定會為妳準備高級家庭用品。

性

性相合性艮好的二人，妳喜歡冒險，他喜歡探險。想提高性能量，先從彼此的腳尖接觸開始。接著用腳尖互相探尋對方的身體，最後刺激性器。發出聲音表示喜悅，這是很率直的表現。性行為開始後一小時，妳會體驗夢幻般的高潮。

戀　愛	結　婚	性	「速配」性
♥♥	♥	♥♥♥	丙

蛇夫座的妳與射手座的他

戀愛

最合得來的一對戀人。妳了解他，他是男人中的男人，為了更加深愛情，妳得配合他的冒險心，嘗試與他一起登山、滑雪、沖浪等。每小時熱情吻他一次，妳本身也得注意健康。他應該會為妳寫愛情詩篇，並將人生獻給妳。

結婚

當結婚對象是可滿足之人。妳創造最佳狀態，他也期待妳的最好。為了使婚姻生活更美滿，每個房間都裝電話，浴室放藤色擦手巾。買不銹鋼調理鍋組，每天早晨正確對時，他將認同妳的努力，為妳準備豪華家庭用品。

性

當性對象也不錯。妳喜歡冒險，他則想要逃離現實。為了提高性能量，試試新的做愛方法。每天穿魅力十足的睡衣，讓他為妳著迷。傍晚五點以後開始做愛，持續一小時前戲。妳應該可以體驗絕佳高潮。如果有精力，再來一次。

戀　愛	結　婚	性	「速配」性
♥♥♥♥	♥♥♥	♥♥♥	乙

蛇夫座的妳與魔羯座的他

戀愛

當戀人關係不錯。妳冷淡，他不將感情表現出來。要加深愛情，就說些羅曼蒂克的話，然後付諸行動，點燃他的愛情火。給他十五分鐘熱情的吻，決定一個只有妳可以叫他的名字。他也應該有回應，看過愛情電影後，心會噗咚噗咚地跳。

結婚

當結婚對象普通。妳不太安於家庭，他是愛國心強的人。想使婚姻生活美滿，問問他對於政治、歷史教育的想法。在慶典節日時插上國旗亦可。浴室放灰色擦手巾。他一定會為妳準備高級家用品。

性

性相合性也普通。妳以幻想爲樂，他則滿腹熱情。為了提高性能量，雙方以扮演某種角色的方式做愛，例如妳是傳說中性感女星，他是偉大的政治家。不要穿內衣褲，只穿外衣就好，二人會越來越興奮。前戲開始後即進入高潮世界。

戀　愛	結　婚	性	「速配」性
♥♥♥	♥♥	♥♥	丙

蛇夫座的妳與水瓶座的他

戀愛

很好的戀愛對象，妳感情豐富，他和妳在一起感到很幸福。為了加深愛情，抱住他吻他的唇十三次，告訴他妳愛他。他應該已經為妳著迷了。約會時刻意裝扮一番，化妝要適當。他應該會送妳花，約妳看電影、戲劇，甚至送妳珍珠。

結婚

理想的結婚對象。彼此對對方而言，都是完美的戀人。為了使婚姻生活更美滿，將餐具放在杯子的左側。浴室放黑色擦手巾，買新的玄關墊子。他對妳滿意得不得了，應該會幫妳清洗餐具，並依照妳的希望備齊家庭用品及家具。

性

性相合性也不錯。他有點徬徨不定，但妳能讓他滿足。為了提高性能量，緊鄰他而坐，二人的腳相接觸。裙子拉至膝上，讓他的腳碰到妳。在興奮的他面前寬衣，讓他看性感的內衣，他會高興地開始前戲，妳一定能達到高潮。

戀　愛	結　婚	性	「速配」性
♥♥♥	♥♥♥♥	♥♥♥	乙

射手座

13星座占星術第十一宮

12月18日～1月18日

前期型	中期型	後期型
12／18～12／24	12／25～1／11	1／12～1／18

太陽於每年十二月十八日進入射手座，一月十八日離開。十二月十八日至十二月二十四日出生的人，多少受到前面蛇夫座的影響，這些人稱為射手座的前期型。

前期型的人請讀射手座與蛇夫座二項。因為部分受雙重星座影響，而多少具有兩者星座的特性。要判斷妳的愛情特徵及戀愛運，應該考慮這二個星座。

十二月二十五日至一月十一日出生的人，是射手座的中期型，只讀射手座一項即可。

一月十二日至一月十八日出生的人，是射手座的後期型，必須讀射手座及下一個星座魔羯座。

射手座的女性

妳對於戀人的工作，會給予理性的關心，不會多管閒事，除非對方請妳提出一些建言。但就算是他求助於妳，妳也是個非常體貼的聽衆，不會東批評西指責，而是位有能力的忠告者。

在運動方面，妳有優異的才能，能在戶外活動中展現魅力。妳對各種活動、社區活動、社交活動、知性活動很熱心，也喜歡賭博性娛樂。在家庭裡，妳是有效率的快樂主婦。

妳有正確的判斷、思考能力，而且精神健全，使妳成為一位值得信賴的女性。妳具有健康美，總是希望活動性的生活。在妳的氣質中，沒有嫉妒的成分，妳要求廣泛的交際，能聰明地避開感情糾葛。

雖然妳對戀人日常缺點不在乎，但有時也坦白告訴對方，希望他能為妳而改正。在感情方面容易興奮，對於愛情的想法是健康、快樂、迅速。

妳對於肉體的快樂並不固執，但追求冒險刺激、性慾強。妳的熱情反應、對待戀人的方式、做愛方式，都優雅得使戀人興奮。

射手座的男性

射手座的男性需要聰明、靈巧的戀人。他與生俱來就不是傾向家庭生活的人。他的興趣在世界情勢、專門領域當中，他喜歡工作，從工作中發現興趣。他喜愛人性，會從社會進步中發現興趣，或從世界及其他的地域社會找出現實問題。他是屬於社會性的人。

他的基本精神傾向「社會中的生活」，與此相比，「特定中的生活」對他而言，就像小孩子世界一樣，一點也不重要。對於愛情，當個人喜好轉變時，他不會繼續思考不存在的愛情。就像運動遊戲一樣，他不認為改變喜好有什麼不好。這對於戀人而言，非常殘忍，因為始終處於不安定的狀態。

想成為他的戀人，最好不要有嫉妒心。妳得像一位優秀的女演員一樣，隨時扮演不同角色，才能掌握他的興趣。

他具有突出的才能，和他生活在一起，妳的人生必定很精采。然而他不夠體貼，無法忍受狹隘的視野，所以妳得先開拓自己的視野，努力和他的見解一致才行。

他強健具冒險性，妳就好像在進行一趟幸福冒險之旅般。他的感情有點神經質，容易興奮而且過敏。除此之外，他還追求眼前的滿足。

【愛情運】 如果妳不要忘記自己的責任，或衝動得忘記自我的話，妳就能得到美好的戀情。橘色系、紫色系能使妳更富魅力，在為妳心動的他面前看起來耀眼。妳是令人著迷的女性。

【戀愛的忠告】 妳的性衝動及性挑戰，就從氣筒中發射出來一樣，他需要相當的休養與時間配合。不要認為每個人都和妳一樣精力旺盛，應該更體貼地站在對方立場著想。

射手座的愛情測試

在適當大小的紙上寫他的名字，名字朝下放在煙灰缸內點火，如果紙全部燃燒，他就是妳的了。

愛情良藥	蘇格蘭鮭魚、威士忌原酒
性感帶	腳脖子、腳踝、腳尖
性愛重點	搖頭時亮麗的頭髮
約會場所	運動場或最好的餐廳
幸運色	橘色、灰白色
珠寶飾品	藍寶石別針
幸運時間	下午（13:42～15:52）

射手座的妳與雙魚座的他

戀愛

理想戀人關係。妳的感情豐富，他對妳很體貼。想更加深愛情，陪喜歡運動的他一起到健身房鍛鍊身體。吻他的唇十四次，他一定會向妳傾訴多麼想妳、多麼愛妳，希望永遠伴著妳。

結婚

可以滿足的結婚對象。妳是優秀的家庭主婦，他也是一位好丈夫。為了使婚姻生活美滿，房間用明亮顏色裝潢。浴室放白色擦手巾，想信自己的判斷。冰箱裡的冰不要除霜。只要是妳所希望的廚房用品，他什麼都會買給妳。

性

性相合性艮好的二個人。妳喜歡冒險，他細心與妳接觸。為了提高性能量，最好在週六晚間十點後做愛。穿著性感睡衣坐在他的腿上，大膽地用腳從他的頭上往下滑。他會興奮地要求妳開始前戲。一小時後必能體驗高潮經驗。

戀　愛	結　婚	性	「速配」性
♥♥♥♥	♥♥♥	♥♥♥	乙

射手座的妳與白羊座的他

戀愛

當戀人能產生良好關係。妳有節制、他有氣度。為了加深愛情，得經常注意打扮，化妝得宜、裙長必須至膝蓋處。悄悄吻他的唇三次，他會讚嘆妳的美麗。經常閱讀報紙經濟欄，有時談談與景氣有關的話題，也許能實現與他旅遊海外的夢想。

結婚

當結婚對象普通。妳對任何事情都很關心，他是一切要求完美的人。為了使婚姻生活美滿，必須在他回家時守在家裡，浴室放彩色擦手巾。家中的動物裝飾品，頭全部向東排列，最好不要養長捲毛狗。他認同妳後，會為妳準備高級家具。

性

性相合性也平均。妳追求刺激，他希望調和。為了提高性能量，必須決定做愛順序。每星期四晚間八點，穿著性感睡衣，撫摸他的大腿、耳朵。他會興奮得要求妳開始前戲。只要依照此順序進行，保證妳能達到絕佳高潮。

戀　愛	結　婚	性	「速配」性
♥♥♥	♥♥	♥♥	丙

射手座的妳與金牛座的他

戀愛

不錯的戀愛對象。妳會製造平順的人際關係，他是屬於奉獻型的人。為了加深愛情，經常對他唱唱歌。吻他的唇九次，注意他的服裝是否完美。相信他一定會更愛妳，約妳吃飯、看電影。穿緊身裙、眼光不可放在其他男性身上。

結婚

最佳結婚對象。妳是優秀的家庭主婦，他是最好的丈夫。若想再更提高婚姻生活品質，購買高級陶磁器，浴室放青綠色擦手巾。就算天候不佳，至少也要開一扇窗。為了妳，相信要他到天之涯地之角他也願意，何況為妳買高級家庭用品。

性

性相合性也佳。妳性感、他快樂。為了提高性能量，鼻對鼻接觸深呼吸。這可以使他興奮地要求妳。這時候忍耐一下，讓想立刻滿足的他懊惱，妳去換一件性感十足的睡衣。他眼睛為之一亮，狂喜地展開前戲，一定能享受高潮。

戀　愛	結　婚	性	「速配」性
♥♥♥	♥♥♥♥	♥♥♥	乙

射手座的妳與雙子座的他

戀愛

當戀人的相合性不太好。他容易陷入感情漩渦，妳的看法根本與他不同。為了加深愛情，必須有乾脆的手段。每天見他時，吻他的唇十九次。為他擦去額頭上的汗水。穿著合身的工作褲，強調臀部曲線。他會約妳看電影，二人關係持續進步。

結婚

當結婚對象非常不好。妳一直待在外面，他也不屬於家庭。想使婚姻生活改善，必須彼此認同對方都不是只安於家庭的人，而屬於社交生活圈。浴室放翠綠擦手巾，安排二人一起參加的活動。相信你們一定會在聚會、露營中玩得很開心。

性

當性對象普通。他有些冷淡，妳則很寬大。為了提高性能量，只穿一層薄薄的內衣撲向他。用力吻他的耳朵、鼻子，讓他發出尖叫、求饒聲。接著命令他讓妳得到性滿足。他對妳的樣子感到興奮，會認真開始前戲。妳就迎接動人高潮吧！

戀　愛	結　婚	性	「速配」性
♥	♥	♥♥	丁

射手座的妳與巨蟹座的他

戀愛

能產生最佳戀愛關係。妳是完美的女性，讓他由衷地愛妳。為了更加深愛情，每天早晨叫他起床，當他的鬧鐘。沒見面的日子，告訴他妳有多孤單。約會時每一小時半吻他一次。他很愛妳，保證在妳面前立誓對妳的愛直到海枯石爛。

結婚

當結婚對象也很理想。妳是有能力的家庭主婦，他也很愛家庭。為了使婚姻生活更完美，休假日和他一起做家事。一起打掃、洗餐具，浴室放橘色擦手巾。

他敬愛妳，希望與妳牽手過一生。

性

性相合性也屬最佳拍檔。妳是刺激的人，他則是需要刺激的人。為了提高性能量，試著對他耳語，「你是世界上最好的人，真希望每天抱著你」，穿上性感睡衣。接著坐在他大腿上，用手和言語刺激，他會瘋狂地要求開始前戲，讓妳享受絕佳高潮。

戀　愛	結　婚	性	「速配」性
♥♥♥♥	♥♥♥♥	♥♥♥♥	甲

射手座的妳與獅子座的他

戀愛

當戀人相合性良好。他是寬容之人，妳醉心於這樣的他。為了加深愛情，決定一天讚美他。這一天，特別從早到晚褒獎他。每十五分鐘吻他一次，他很喜歡被照顧的感覺，更喜歡熱情大膽的行動。也許他會送妳愛情詩篇及金飾。

結婚

當結婚對象普通。妳有能力，他是與家庭融合為一的人。為了使婚姻生活美滿，買木製桌子，放在客廳東側牆壁邊。浴室放明亮顏色擦手巾。養土撥鼠系列的小動物不太好。他注意各種改變後，應該會依妳的希望準備高質感家庭用品。

性

性相合性也普通。妳要求興奮，他則很謹慎。為了提高性能量，妳最好穿金色系列性感內衣，在他面前搖曳生姿，以欲言又止、充滿期待的態度挑撥他。妳的誘惑讓他一刻也耐不住地衝向妳，前戲開始後，妳必能體會絕佳高潮。

戀　愛	結　婚	性	「速配」性
♥♥♥	♥♥	♥♥	丙

射手座的妳與處女座的他

戀愛

當戀愛對象普通。妳是令人驚艷的人，他則注重外型。為了加深愛情，必須配合他的自我滿足，當約會必須道再見時，只要在他唇上輕輕吻一下就可以了。如果妳的瞳孔流露出的愛情中包含些冷漠，他的態度應該會更羅曼蒂克。

結婚

當結婚對象普通。妳非常有效率，他很細心。為了使婚姻生活美滿，將每個房間都打掃乾淨。此外，他對灰塵很在意，可能會自己清除。浴室的擦手巾每天更換，鑰匙頭朝北放置。當他處於改變的環境中後，抱怨一定會減少。

性

性相合性不錯。妳熱情，他是能讓妳充分滿足的對象。為了提高性能量，從星期二開始在一起，星期三早上七點以前做愛最好。早起後入浴，讓身體充滿沐浴精香味後再上床。緊緊靠在他身邊，在他身邊吹氣。開始前戲後必能達到高潮。

戀　愛	結　婚	性	「速配」性
♥♥	♥♥	♥♥♥	丙

射手座的妳與天秤座的他

戀愛　是一對很好的戀人。妳體貼，他也是有回應之人。為了加深愛情，吻他十次，告訴理性的他有多麼愛他。在他面前穿合身工作褲。他一定會向妳傾訴愛意，讚美妳的優美曲線，約妳到浪漫餐廳。

結婚　當結婚對象普通。妳有判斷力，他有自信。為了使婚姻生活美滿，和專家商量改變室內設計。浴室放紫藍色擦手巾，庭院或陽台種紫花地丁。盯著水晶杯看十分鐘，可以增加能量。他信賴妳，應該會為妳準備高價禮物。

性　性相合性普通。妳像運動選手一樣，他則有所領悟。為了提高性能量，妳要做女神裝扮，在埃及風的化妝容貌下，用白色床單將身體裹住，假裝是古代埃及女性，讓他眼睛為之一亮。由為妳著迷的他主導開始前戲，必能玩味絕佳高潮。

戀　愛	結　婚	性	「速配」性
♥♥♥	♥♥	♥♥	丙

射手座的妳與天蠍座的他

戀愛

能產生最佳戀愛關係。妳誠實，他愛妳愛得發狂。為了加深愛情，一直接觸他，重複熱情的吻，用餐時一起去吃魚大餐。他會以親切的笑臉待妳，帶妳到令人興奮的地方，也許會送妳高級紅寶石，妳也別忘了回他一個特別的眼神。

結婚

當結婚對象也很理想。妳處理家事的能力非常好，他則屬於奉獻型。為了使婚姻生活更好，浴室放深藍色擦手巾，養西洋冬青更好。腳趾擦紅色指甲油，相信不論多豪華的家庭用品，他都會為妳準備齊全。二人一起迎朝日更幸運，試試看。

性

性相合性也超群。妳具冒險性，他具有魅力。為了提高性能量，不要一成不變地遵從既定做愛方式及順序。妳想怎麼做就告訴他，讓他也配合妳。二人激烈地燃燒熱情，將做愛夢幻化。不論有沒有前戲，都能達到難以置信的高潮。

戀　愛	結　婚	性	「速配」性
♥♥♥♥	♥♥♥♥	♥♥♥♥	甲

射手座的妳與蛇夫座的他

戀愛

當戀人可產生最佳關係。妳美麗、他敏感。為了加深愛情，不要對他藏有秘密，任何事都打開天窗說亮話。在他的唇上吻九次，捏捏他的臉、拍拍他的屁股，給他一些刺激。他喜歡這種愛情表現，會送妳書本、約妳到博物館，還有美酒晚餐。

結婚

當結婚對象也不錯。妳將家裡整理得有條不紊，但他卻是散漫的老公。想使婚姻生活更美滿，當他將脫下的衣服丟在地上時，妳得嚴格警告他。浴室放灰色擦手巾，床舖腳的方向在西方。相信他一定改變作風，也會為妳買高價品。

性

性相合性也不錯。妳的肉體具有魅力，他喜歡冗長的前戲。為了提高性能量，必須專心進行前戲，當做愛前的準備。穿刺激他的性感睡衣，做出嬌媚的動作。他會興奮地要求妳，前戲的歡愉之後，妳必定能體驗絕佳高潮。

戀　愛	結　婚	性	「速配」性
♥♥♥♥	♥♥♥	♥♥♥	乙

射手座的妳與射手座的他

戀愛

當戀人可產生很好的關係。妳和他都具活動性。為了加深愛情，試試看早晨約會，在清爽的空氣中散步，喝新鮮的果汁。在他的唇上吻二十次，他也許會帶妳去攀岩或航海。白天穿輕鬆運動裝，夜晚穿緊身服裝是最佳打扮。

結婚

當結婚對象普通。妳做事敏捷，他是屬於社交性的人。想使婚姻生活美滿，浴室放淡紫色擦手巾，買雙人座沙發。在他出門之前，二人靠在一起坐一會兒。他一定會減少外出，撥出更多時間陪妳，應該也會準備高級家庭用品。

性

性相合性不太好。二人都太過於生硬不協調。為了提高性能量，應該在做愛時放鬆，享受做愛的樂趣。不可以像比賽一樣，誰先達到高潮就優勝的看法。溫柔開始前戲後休息一下，再繼續第二階段，每次都能享受喜悅高潮。

戀　愛	結　婚	性	「速配」性
♥♥♥	♥♥	♥	丙

射手座的妳與魔羯座的他

戀愛

當戀人可產生良好關係。妳是位好聽衆，他也很能與妳配合。想加深愛情，就不要完全聽他所說的話。妳應該區分什麼是無聊話，什麼是有意義的話。吻他的唇七次，晚上九點過後對他唱情歌更好。他會向妳訴說對妳的愛，也會帶妳去滑雪。

結婚

結婚最理想的對象。妳是最完美的家庭主婦，他是值得依靠的丈夫。為了使婚姻生活美滿，餐桌記得隨時保持整齊清潔，他回家後二十分鐘之內最好開飯。浴室放藍色擦手巾。只要妳想做的事，即使暴風雨天出海遊玩，他也奉陪。

性

性相合性也不錯。妳會提出各種要求，他是能滿足妳要求的人。為了提高性能量，每星期夜晚做愛，不要聽他說什麼，只要妳穿上性感睡衣，將他當成奴隸開始前戲。妳命令他激情地愛撫妳，讓妳滿足。妳一定能享受絕佳高潮。

戀　愛	結　婚	性	「速配」性
♥♥♥	♥♥♥♥	♥♥♥	乙

射手座的妳與水瓶座的他

戀愛

當戀人能產生良好關係。妳很有理性，他則非常親切。為了更加深愛情，找個充足的時間，二人玩縱橫塡字遊戲或下下棋，然後為他煮湯，共享寧靜的二人時光。吻他的唇十三次，他會與妳計畫浪漫小旅行，也會為妳買旅行要穿的鞋子。

結婚

當結婚對象普通。妳寬宏大量，對他很體貼。為了使婚姻生活美滿，特別注意減少每天生活中無謂、浪費時間的事，浴室放綠色擦手巾。客廳中多放些坐墊。他應該會為妳準備高級廚房用品。

性

當性對象也普通。妳要求肉體的滿足，但他有些形式化。為了提高性能量，妳在做愛之前先做些運動，讓身體疲勞。洗過澡後噴些香水，嬌媚地誘惑他。刺激地脫下睡衣，讓他看光鮮的綠色內衣。他狂喜地開始前戲之後，一定讓妳達到高潮。

戀　愛	結　婚	性	「速配」性
♥♥♥	♥♥	♥♥	丙

魔羯座

13星座占星術第十二宮

1月19日～2月15日

前期型	中期型	後期型
1／19～1／25	1／26～2／9	2／10～2／15

太陽於每年一月十九日進入魔羯座，二月十五日離開。一月十九日至一月二十五日出生的人，多少受到前面射手座的影響，這些人稱為魔羯座的前期型。

前期型的人請讀魔羯座與射手座二項。因為部分受雙重星座影響，而多少具有兩者星座的特性。要判斷妳的愛情特徵及戀愛運，就應該考慮這二個星座。

一月二十六日至二月九日出生的人，是魔羯座的中期型，只讀魔羯座一項即可。

二月十日至二月十五日出生的人，是摩羯座的後期型，必須讀魔羯座及下一個星座水瓶座二項。

魔羯座的女性

妳天生具有男子氣概。能力強、誠實、值得依賴、有計畫性。反過來說，就是不太有直覺力、纖細度及感性。妳喜歡家庭工作，應該可以成為一位優秀的家庭主婦。妳善於烹飪、勤儉、做事完美，期待他功成名就。對於成為家庭主婦必須具備的這些優點，妳堪稱高水準，是位非常理想的家庭主婦。如果說妳的這些優點旁人不知道的話，實在有些不可思議。

反過來說，身為女性的嬌柔、體貼、嫵媚、肉體敏感等條件，妳稍嫌不足。妳不善於表現感情，對交際不在行。妳是位能力強、正直、有良心、盡義務的女性，但對於戀人而言，除了這些完美之外，他更希望妳的溫柔與親切。

受到他的愛情激勵，妳會誓言一輩子忠於他。如果妳的戀人具備堅強、現實氣質，他就不會要求妳當他的精神或感情伴侶。如果妳為他佈置一個像大飯店一樣的家，他一定覺得妳很有魅力。

妳對於性愛的方式，避免冒險、實驗，而是採取直接方法。雖然在日常性愛方面能夠滿足，但對於偶爾他希望的高度性愛，妳好像有點缺乏熱情。

魔羯座的男性

魔羯座的男性是非常容易進入家庭的人，會努力創造一個溫暖舒適的家。大抵而言，他會創造他的伴侶，但他的理由是自私的，基本上屬於本位主義。他是位野心家，總是能在商場上成功，是位值得依靠的大人物。不過，不論金錢多麼充裕，他也不希望戀人自由行動。即使妳嫁給他，也無法自由使用金錢。

他不僅容易傾向於獨裁，而且精打細算，認真地儲蓄，嚴格管制金錢用法。整體而言，家庭營運操縱在他手上，妳只是單純代替他管理而已。他規定家人每天該做的事，就像指揮官一樣，也類似非理性的暴君。雖然這麼做是為了家庭，但結果卻對家庭幸福沒什麼貢獻。

妳對他而言，並不是感激的伴侶。他也不表現出創造自己快樂的才能與意慾。他要求妳給他一切，但也對妳給他的一切感到疑惑與警戒。他絕不認為捐錢是為了讓自己快樂，只在少數時候他才顯得慷慨大方。

他對性愛熱情，在滿足與處理方面完全是動物性，看不出纖細。

【愛情運】妳富愛情與熱情，能產生絕佳能量。讓他看見妳的幽默與朝氣。穿黑色、灰色、紫羅蘭色衣服，更能掌握他的心。他應該會吻妳的大腿吧！妳真的非常迷人。

【戀愛的忠告】努力去了解他，使二人關係往前邁進。下工夫消除二人之間的差異，讓他重新認識妳，了解妳的魅力所在。他一定想抱緊妳。

魔羯座的愛情測試

金戒指繫一條線。將手肘置於桌面上，用大拇指及食指夾住線，從空中將戒指吊入玻璃杯內等二分鐘，如果戒指沒碰到杯子，他就是妳的了。

愛情良藥	海草、發泡性葡萄酒
性感帶	腿肚、膝蓋內側
性愛重點	明亮的笑臉
見面場所	展覽會場或劇場
幸運色	紫羅蘭色
珠寶飾品	黑色皮革與黑珠子裝訂成的個人日誌
幸運時間	傍晚（17:53～19:56）

魔羯座的妳與雙魚座的他

戀愛

當戀人能產生良好關係。妳誠實、他體貼。為了加深愛情，妳可以為他彈一曲鋼琴。假如妳不會彈鋼琴，就請二人一起聽鋼琴CD，每首曲子結束後吻他的唇二十次。他非常愛妳，會約妳聽音樂演奏會。妳最好穿優雅、高級洋裝，也許會收到意外好禮。

結婚

當結婚對象普通。妳是位優秀的家庭主婦，他是幻想家。為了使婚姻生活美滿，庭院最好種柳樹。浴室放白色擦手巾，客廳買白鐵皮飾品裝飾，最好不要養長捲毛狗。他一定會變得更切實際，應該會為妳準備家庭用品。

性

性相合性也普通，妳以既定的方式為樂，他是追求快樂的人。為了提高性能量，妳事先決定做愛日，並且每天告訴他。這一天，完成芬芳浴後，全身擦乳液，再噴一點平常用的香水，開始展開前戲。相信妳一定可以達到高潮。

戀　愛	結　婚	性	「速配」性
♥♥♥	♥♥	♥♥	丙

魔羯座的妳與白羊座的他

戀愛

當戀愛對象普通。妳貞節、他花心。為了加深愛情，晚餐共享情調音樂，妳對他頻頻以眼傳情，並給他熱情的吻六次。他由衷讚美妳的美麗，會約妳上高級俱樂部。和他在一起時，用妳的感覺穿衣服，並依偎在他身旁同行。

結婚

當結婚對象也非常普通。妳期待受到鼓勵，他卻不會這麼做，為了使婚姻生活完美，每天早晨在家周圍往右散步，忘掉令人心煩的事，想想未來的事。浴室放深紅色擦手巾，多買一些觀葉植物。他一定會說些慰勞妳的話，也會買電器製品給妳。

性

當性對象還蠻不錯的。妳有一定的型，他是個大男人。為了提高性能量，穿上刺激性感睡衣躺在床上，撫摸著美麗的大腿等他。他受不了妳的誘惑，會激烈地要求妳開始前戲。不但他本身享受高潮，妳也能享受動人的高潮。

戀　愛	結　婚	性	「速配」性
♥♥	♥♥	♥♥♥	丙

魔羯座的妳與金牛座的他

戀愛

當戀人的相合性良好。妳的個性強，他的個性也不錯。為了加深愛情，隨時注意他的服裝，偶爾為他洗襯衫、燙平，再送份愛的禮物給他。吻他的唇五次，親切地握著他的手。他會對妳傾訴衷曲。期待妳陪伴他度過美好人生。

結婚

當結婚對象普通。妳對他情有獨鍾，他卻三心二意。為了使婚姻生活美滿，他出差時與他同行，並打扮得高雅大方，讓他感受到妳的魅力。浴室放粉紅色擦手巾。他認同妳的努力之後，應該會買高級家具，及整套廚房用品。

性

當性對象也普通。妳溫柔，他卻缺乏認真態度。為了提高性能量，化點淡妝靠近他，在他耳邊甜言蜜語一番。他會進一步要求妳做愛，這時候讓他等一下，不要立刻答應。換上性感睡衣後，他已經迫不及待，一定讓妳享受絕佳高潮。

戀　愛	結　婚	性	「速配」性
♥♥♥	♥♥	♥♥	丙

魔羯座的妳與雙子座的他

戀愛

能產生最佳戀愛關係。妳完美，他也沒有缺點。想更加深愛情，二人緊緊擁抱，吻他的唇十六次。答應他撫摸妳的胸部，他愛妳至深，為妳赴湯蹈火在所不辭。浪漫之夜、高價禮物垂手可得。

結婚

理想的結婚對象。他是要求變化的人，妳是優秀的伴侶。為了使婚姻生活更好，每星期改變家具配置，浴室放黃色擦手巾。臥室裝有氣氛的照明也很好。他不論到哪裡，都會帶妳一起前往。在家時就盯著妳，即使為妳而死也心甘情願。

性

性相合性也絕佳。只要他熱心引導，妳可以與他配合良好。為了提高性能量，做愛前深呼吸一口，全身擦香精或撲香粉。先認真進行前戲，讓他滿足一次。不間斷地進行，一小時後移至性行為，妳可以期待難以置信的多種高潮變化。

戀　愛	結　婚	性	「速配」性
♥♥♥♥	♥♥♥♥	♥♥♥♥	甲

魔羯座的妳與巨蟹座的他

戀愛

當戀人相合性不太好。他喜歡找妳的缺點，妳和他在一起也不快樂。為了加深愛情，需要特別的行動。將他綁在椅子上，妳坐在他的膝蓋上吻他一百次。也許他會發出悲鳴聲，但他相信妳的愛情，會約妳看電影，與妳共享浪漫時光。

結婚

當成結婚對象普通。妳屬於家庭，他有些怠惰。想使婚姻生活美滿，妳應該積極些，像母親一樣嘮叨。浴室放紫紅色擦手巾。他一定會幫妳做家事，緊緊守在妳身邊，不再怠惰。

性

當性伴侶不太好。妳要求極自然，他不能配合。為了提高性能量，妳試著讓步看看，進行猥褻式性愛。請他提出六種不同體位方法，妳找出最能配合的方法。穿著黑色長筒馬靴，手持皮鞭，配合他的前戲，妳一定能體會絕妙高潮。

戀　愛	結　婚	性	「速配」性
♥	♥♥	♥	丁

魔羯座的妳與獅子座的他

戀愛

能產生良好戀愛關係。對於富刺激性的他，妳能產生炙焰的熱情。想更加深愛情，約會時配戴耀眼寶石，吻他十一次。他會帶妳到動物園遊玩，度過愉快的一天。夜晚，妳就期待浪漫之約吧！星期六穿上緊身服裝，讓他看妳優美的曲線。

結婚

最佳結婚對象。妳是理想的伴侶，他也付出心力。想使婚姻生活更完美，庭院或陽台種向日葵最好。浴室放藏青色擦手巾，買煮咖啡器。他認同妳卓越的理家能力，期待與妳天長地久。

性

性相合性亦佳，在他有力的主導下，妳也變得很大膽。想更提高性能量，讓他溫柔地探尋妳身體每寸肌膚。穿薄薄罩衫，如野生動物般激烈地掙扎。

他如痴如醉地開始前戲，妳能玩味絕佳高潮滋味。

戀　愛	結　婚	性	「速配」性
♥♥♥	♥♥♥♥	♥♥♥	乙

魔羯座的妳與處女座的他

戀愛

不錯的一對戀人。他稍微保守一點，妳感情豐富地待他。想加深愛情，晚餐時穿絲織品，認真地吻他的唇二次。他誓言對妳忠誠，會約妳聽音樂會或到狄斯可舞廳，讓妳享受羅曼蒂克的歡樂時光。一定也會在妳耳邊細訴「愛妳」。

結婚

當結婚對象普通。妳認真盡義務，他卻有點囉嗦。為了使婚姻生活美滿，忍耐一星期不要打掃，浴室的擦手巾也不要更換，他的襯衫不要洗。這段時間妳不必做原本該做的事。他會自我反省，請妳做家事，妳就附帶條件答應他。

性

性相合性也普通。他的性衝動很少，妳的熱情也不足。為了提高性能量，妳穿上性感睡衣，撫摸自己的身體，激發他的慾望。輕觸他的肌膚，一直盯著他興奮揮汗的樣子。前戲開始後一小時，妳一定能享受絕佳高潮滋味。

戀　愛	結　婚	性	「速配」性
♥♥♥	♥♥	♥♥	丙

魔羯座的妳與天秤座的他

戀愛

能成為一對最佳拍檔。妳很細心，他是很自然的人。為了使愛情更深入，隨時戴耳環，約會時吻他的唇十七次。二人一起喝礦泉水也很好。為了妳，他什麼都願意做，即使犧牲生命也甘願。也許妳還能陪他一起到國外度假。

結婚

當結婚對象也很好。妳很有能力，他是善解人意的伴侶。想使婚姻生活美滿，在人前不要談論私事。浴室放紫色擦手巾，庭院或陽台種植白薔薇。用餐時，妳最好背向太陽而坐。相信不論多麼高級的家庭用品，他都會為妳準備。

性

性相合性亦佳。妳是習慣性做愛，他是本能性做愛。為了提高性能量，挑個與平常不同的時間，不同的場所、不同的型式做愛，遵照他的直覺感。黑色領巾、有花邊的長背袋、長筒靴之裝扮。前戲開始後二小時內，必能享受高潮。

戀　愛	結　婚	性	「速配」性
♥♥♥♥	♥♥♥	♥♥♥	乙

魔羯座的妳與天蠍座的他

戀愛

當戀人能產生良好關係。他敏感、妳親切。為了加深愛情，不要太戲弄他。熱情地吻他二十次，妳一定能聽到他說出愛妳愛到海枯石爛、至死不渝的話。他有自信，會帶妳到高級餐廳、冰淇淋店及俱樂部。注意穿著穩重、健康的服裝。

結婚

當結婚對象普通。妳現實，他很多地方讓妳不能忍受。要使婚姻生活美滿，就不要對他存有懷疑之心。浴室放深棕色擦手巾，記得抽屜保持關閉狀態。讓他知道妳並不想詮釋他個人的問題。他應該會為妳準備新的電化製品。

性

性相合性也普通。妳喜歡傳統式性愛，但他卻是動物性。想提高性能量，不要什麼都照他的方法，妳不要做就拒絕。讓他的過度激烈冷卻下來，告訴他妳想嘗試各種體位。他會興奮地開始前戲，讓妳陷於前所未有的高潮中。

戀　愛	結　婚	性	「速配」性
♥♥♥	♥♥	♥♥	丙

魔羯座的妳與蛇夫座的他

戀愛

戀人關係良好。對於具有直覺感的他，妳非常敏感。想加深愛情，徹底清潔臉部，吻他的唇十九次。早晨八點前不要看電視。做自然裝扮，隨身攜帶袖珍型收音機。妳會有機會與他享受戶外運動。

結婚

當結婚對象普通。妳屬於家庭，但有時候卻忽略了他。想使婚姻生活美滿，經常煮青菜，浴室放清潔擦手巾。攪拌紅茶或咖啡的時候，向右繞。他會為妳準備高級家具及電器用品。

性

性相合性也普通。他只給妳些微的刺激，妳往往只有一種型式。為了提高性能量，妳非讓他在性方面發狂不可。房間裡洋溢性感香味，穿上最刺激的服裝，在他面前緩緩踱步，他一興奮妳就脫去外衣，讓他看性感內衣。認真前戲後即可進入高潮世界。

戀　愛	結　婚	性	「速配」性
♥♥♥	♥♥	♥♥	丙

魔羯座的妳與射手座的他

戀愛

不錯的戀愛對象，妳很活潑、他很敏感。想加深愛情，就戴上妳的高級飾品，吻他的唇十四次。和他一起慢慢品嚐綠茶也很好。在戶外時，抬頭挺胸手牽手靈巧地走著。他很喜歡妳美妙的身材，應該會約妳去跳舞或游泳。

結婚

當結婚對象也普通。妳有能力，他值得依靠。為了使婚姻生活美滿，窗簾到了夜晚別忘記拉起來，浴室放紫色擦手巾，每天早晨聽聽收音機。庭院或陽台種康乃馨，安裝噴水設備或日晷。他認同妳的努力，一定讓廚房更完美。

性

性相合性也普通。妳感動、他感情化。為了提高性能量，捏捏他的鼻子，告訴他妳想更激烈。穿上挑逗性睡衣、噴些香水，摟著他的手要求他讓妳滿足。他喜歡妳這種不一樣的態度，會立刻開始前戲。妳一定能玩味高潮。

戀　愛	結　婚	性	「速配」性
♥♥♥	♥♥	♥♥	丙

魔羯座的妳與魔羯座的他

戀愛

當戀人的相合性不太好。他欠缺機靈，妳不想自己被綁住。想加深愛情，手段必須徹底。妳的衣服全部丟掉，重新挑選自己的幸運色衣服。在他的唇上熱情地親吻三十下。他會在妳耳邊呢喃，訴說對妳的愛戀，你們將有浪漫之約。

結婚

不錯的結婚對象。他有點任性，但妳能成為優秀的家庭主婦。為了使婚姻生活美滿，和他一起觀看運動比賽，浴室放明亮的紅色擦手巾。注意電器開關不要忘了關。他對妳關心他的興趣充滿感謝，應該會送妳特別愛的禮物。

性

性相合性普通。妳有時在性愛方面能滿足，但他的慾望非常強烈。為了提高性能量，稍微增加做愛次數，一週二次最好。另外，妳可以改變場所、體位，以增加性愛變化。星期天穿上性感睡衣坐在他的腿上。前戲開始後，妳必能達到高潮。

戀　愛	結　婚	性	「速配」性
♥	♥♥♥	♥♥	丙

魔羯座的妳與水瓶座的他

戀愛

能成為一對最佳戀人。妳對他而言非常完美，他是什麼都能給妳的人。想加深愛情，在約會那一天，從下午就一直呢喃唸著他的名字。見面時吻他二十次，他沈醉在妳的美麗中，也許會帶妳來一趟澳洲之旅。誰也阻擋不了他對妳的愛。

結婚

當結婚對象非常理想。妳是誠實之人，他非常體貼。為了使婚姻生活美滿，浴室放藍色擦手巾，用醋將酒杯擦亮，他午休時，打電話問候他，安裝鐘聲式電鈴。只要妳喜歡的物品，他什麼都會買給妳。

性

性相合性也是最佳拍檔。妳有慾望，但是屬於過度要求型。為了提高性能量，穿上柔和的睡衣，故意與他擦肩而過。讓他脫下長褲，開始冗長前戲。妳坐在他身上，用身體摩擦他。他一定狂喜難抑。二小時後，妳想不達到高潮也難。

戀　愛	結　婚	性	「速配」性
♥♥♥♥	♥♥♥♥	♥♥♥♥	甲

水瓶座

13星座占星術第十三宮

2月16日～3月11日

前期型	中期型	後期型
2／16～2／20	2／21～3／6	3／7～3／11

太陽於每年二月十六日進入水瓶座，三月十一日離開。二月十六日至二月二十日出生的人，多少受到前面魔羯座的影響，稱為水瓶座的前期型。

前期型的人請讀第二章水瓶座與魔羯座兩項。因為部分受雙重星座影響，而多少具有兩者星座的特性。要判斷妳的愛情特徵及戀愛運，就應該考慮這二個星座。

二月二十一日至三月六日出生的人，是水瓶座的中期型，只讀水瓶座一項即可。

三月七日至三月十一日出生的人，是水瓶座的後期型，必須讀水瓶座及下一個星座雙魚座二項。

水瓶座的女性

妳並不是簡單就投入戀人懷抱，或容易陷入感情漩渦的人。妳有才能，具備知性、洞察力、順應性等與戀人維持艮好關係的要素。妳不會抱怨自己有多勞累，妳具有熱情完成工作的能力，使妳成為優秀的家庭主婦，也讓他聯想到理想伴侶。

妳親切的態度吸引許多人，周圍環繞衆多追求者。妳的興趣廣泛，這使妳不會去追踪戀人休假時的活動，妳不會懷疑他的行動。妳很自然地信任他，這種態度絕對沒有錯。

妳是世上最親切的人之一，一旦有誰遭遇苦難，妳都感覺好像是自己在受苦一樣。此外，妳不會將自己侷限在一個框框裡，一旦有正當理由捨舊愛而追求新歡，妳就一定會這麼做。雖然妳會立刻以感情應對，但也會以知性控制。

當妳找到能配合他的適當工作，或使妳能力得以活用的戀人出現時，妳在戀人眼中的評價相當高。

妳是以冒險性愛為樂的人，但這種衝動缺乏一貫性。當妳想到好像一個月沒做愛時，就會突然在一星期內每天要求，或要求一天二次。這也是妳的魅力之一，因為妳不將自己侷限在一個框框裡。

水瓶座的男性

水瓶座的男性親切而寬大。不要期待他的回應或謝禮，他會付出物質與勞力。他不會為戀人痴狂，這一點只要沒有其他行星的配置刺激他的衝動，就絕對是肯定的。但他本性善良，社交方面親切，是能分擔部分家事、協助家庭的人。

他認為他的幸福，是對於家庭調和有貢獻。他非常體貼，實際上像一位紳士。即使與親密戀人交往，也不忘注意禮儀。

關於戀愛，他的缺點是好說「小道理」。如果妳喜歡的男性除了水瓶座的寬大態度之外，更希望他佔有慾強、多少有些任性，那妳恐怕要失望了。

他對事情的「超然公平」，表示對妳的興趣減少。如果妳以自己為中心，會感覺到他忽略妳了。

他廣泛的興趣有朝一日會成為他的人生全部。但另一方面，如果戀人具有高度智慧，將她的工作看成與他的興趣同等重要，則二人的家庭生活就非常完美。

他在性愛方面不侷限於某類型，不會採取自我本位主義。他不是冒險挑戰型。

【愛情運】如果妳的理想目標可能在現實世界裡達成，那就非常可能實現。藍色與黃色裝扮能讓妳美麗的身體增加能量，妳是位迷人的女性。

【戀愛的忠告】追求人生的喜悅與官能的樂趣。但是不要做模稜兩可的事，讓他混淆了。了解目的，有時需要一點緊張。讓他緊鄰妳而坐，他一定會在妳耳邊呢喃訴情。

水瓶座的愛情測試

心中想他或將他的照片放在面前，手握另一端繫住戒指的線頭，停止一會兒。如果戒指呈圓形移動，他就是妳的了。

愛情良藥	黑橄欖
性感帶	手，尤其是手肘內側
性愛重點	凝視時的眼睛
約會場所	火車站、飛機場或高速公路休息站
幸運色	綠色
珠寶飾品	領際白金飾品
幸運時間	任何時間（特別是6:19～8:58）

水瓶座的妳與雙魚座的他

戀愛

能產生良好戀愛關係。妳很敏感，他很體貼。為了加深愛情，當他在妳身邊時，呆然地盯著他的臉。吻他的唇十一次，永遠讓他看見妳最美的一面。他應該會約妳打保齡球、上高級餐廳。如果妳戴上白金飾品就更幸運了。

結婚

最理想的結婚對象。妳是完美的家庭主婦，他敬愛妳。想更加深愛情關係，庭院種植榆樹更好。浴室放藍色擦手巾，每天喝新鮮葡萄汁。他一定會為妳準備高級家庭用品，而且為了妳，赴湯蹈火在所不辭。

性

性相合性亦佳。妳富冒險性，他是追求滿足之人。為了提高性能量，攪拌紅茶時必須向左旋轉。穿上刺激性睡衣，讓妳自己被豪華的香味包圍。接著說與平常不一樣的情話。他猶如升天般地展開前戲，妳能玩味強烈高潮。

戀　愛	結　婚	性	「速配」性
♥♥♥	♥♥♥♥	♥♥♥	乙

水瓶座的妳與白羊座的他

戀愛

當戀人相合性良好。妳敏感，他具有魅力。想加深愛情，儘量找機會共享早餐，然後握手交換彼此的能量。在他的唇上吻十七次，約會時如果一起吃午餐，最好不要吃蛋。服裝以舒適輕便為宜，他也許與妳在滑雪場有個浪漫之約。

結婚

當結婚對象普通。妳是位好伴侶，但他卻往往侷限在一個框框內。想使婚姻生活美滿，廚房擺義大利大理石飾品，浴室放紅色擦手巾。當他出差時，要求他讓妳一起去旅行。

他會為妳準備高級家具。

性

當性對象也普通。妳以性為樂，他精力旺盛。想提高二人的性能量，做愛前最好穿綠色睡衣或內衣。坐在他的膝上，小貓一樣地向他撒嬌，愛撫他的臉。他不一會兒興奮地開始前戲。儘量拉長時間，妳會有難忘的高潮。

戀　愛	結　婚	性	「速配」性
♥♥♥	♥♥	♥♥	丙

水瓶座的妳與金牛座的他

戀愛

能產生最佳戀愛關係。彼此對對方而言，都是最完美、最理想的對象。想更加深愛情，經常互相微笑確認愛情。吻他的唇十三次，去游泳就穿比基尼泳裝。他愛妳，讚美妳的身體，也許會計畫與妳來個浪漫小旅行，或許可期待豪華盛宴。

結婚

當結婚對象還不錯。妳愉快地負起自己的責任，他絕不會安靜地待在家裡。為了使婚姻生活美滿，種植雪片蓮放在窗邊。浴室放藍色擦手巾，家中的椅子全部朝東。他一定更有充實感，心甘情願為了妳、為了家而努力。

性

性相合性亦佳。他細心，妳也是很不錯的伴侶。為了提高性能量，以誘惑的眼光看著他，招手叫他進入臥房。讓他為妳寬衣解帶，妳要表現出害羞的樣子。他一刻也不能等地要求妳開始前戲。一小時後，妳必能達到高潮。

戀　愛	結　婚	性	「速配」性
♥♥♥♥	♥♥♥	♥♥♥	乙

水瓶座的妳與雙子座的他

戀愛

當戀人能產生良好關係。妳富知性，他也是智者。為了加深愛情，吻他的唇八次。走路時緊緊地靠在一起，讓他的手摟著妳的腰，感受妳優美的身體。他會約妳看電影、到高級餐廳用餐，並呢喃細語。為了讓他看見最美的妳，請準備絲織品衣服。

結婚

當結婚對象普通。他在知識方面的興趣與妳不同，妳的興趣太多了，他很難配合。買象棋或智力測驗的書能夠對婚姻生活帶來助益。浴室放黃色擦手巾，每隔一天就玩一次遊戲，對雙方進行刺激，二人的關係會越來越好。

性

性相合性也普通。妳很性感，但他卻有點冷淡。為了提高性能量，穿透明睡衣，讓他隱隱約約看見妳的身體，坐在他的膝上唱情歌給他聽。他會吻妳的頸子，要求妳做愛。讓他引導前戲，妳只等著迎接絕頂高潮就可以了。

戀　愛	結　婚	性	「速配」性
♥♥♥	♥♥	♥♥	丙

水瓶座的妳與巨蟹座的他

戀愛

能成為不錯的一對戀人。他的人很好，妳是令人喜愛的女性。為了更加深愛情，寫情書給他，每天打電話向他訴情。見面時吻他的唇十九次，他怎麽也忘不了妳。星期六他約妳歡樂一整天，也許還有意想不到的禮物。

穿上緊身褲，靠在他身旁同行。

結婚

理想的結婚對象。彼此對對方而言都是完美的伴侶，一點缺點也沒有。為了使婚姻生活更好，每星期二清潔家中所有家具的表面。浴室放翠綠色擦手巾，庭院或陽台種植罌粟花更好。隨時注意服裝、配戴金飾。他會永遠陪伴妳左右。

性

性相合性亦佳。妳很性感，他追求刺激。為了提高性能量，穿黑色有花邊的睡衣，用妳那雙健康的腳搔他的頸部要求做愛。他會興奮地開始前戲，二小時後，必可玩味高潮滋味。

戀　愛	結　婚	性	「速配」性
♥♥♥	♥♥♥♥	♥♥♥	乙

水瓶座的妳與獅子座的他

戀愛

當戀人的相合性不太好。他要求太多，妳一刻也不得閒。想加深愛情就必須有激烈的行動。在桶子內放入冰水，妳將頭泡在冰水裡三分鐘。這樣就可使負面能量得到解放。約會時吻他的唇十八次。他會送花給妳，二人關係必有進展。

結婚

當結婚對象也不太好。他太頑固，妳不重視他。為了使婚姻生活美滿，可以試著搬家，或重新設計裝潢。浴室放織有金線的擦手巾。他回家時妳得先等在家中，以迎接他的姿態為他開門。為了妳，相信他會買豪華家具。

性

當性伴侶普通。他具有支配性，妳具有魅力。為了提高性能量，沐浴時使用高級香皂或沐浴精，然後噴些高級香水。他一定會喜悅地將妳抱起來，開始支配性前戲。妳就等著享受高潮吧！

戀　愛	結　婚	性	「速配」性
♥	♥	♥♥	丁

水瓶座的妳與處女座的他

戀愛

最佳戀人關係。妳和他都呈現最佳狀態。為了更加深愛情，熱情親吻他的唇二十次。妳的身體捲曲在他懷中深呼吸。他的能量會注滿妳。接下來，他在妳耳邊喃喃細語，表示愛妳至死不渝。妳就等著他帶妳上高級餐廳、俱樂部、劇場吧！

結婚

理想的結婚對象。妳是標準的家庭主婦，他也能協助家庭。想更提高婚姻生活層次，浴室放深綠色擦手巾。讓他深深感覺到家中有妳的存在，他會為了魅力四溢的妳而努力。擺設發光物品更好。為了妳，什麼高級物品他都捨得買。

性

性相合性也沒話說。妳煽情，他拚命想讓妳滿足。為了提高性能量，裸體躺在床上，呢喃似地叫著他的名字。他會飛奔至妳腳下，激情地要求妳。

認真前戲之後，可達到難以置信的高潮。

戀　愛	結　婚	性	「速配」性
♥♥♥♥	♥♥♥♥	♥♥♥♥	甲

水瓶座的妳與天秤座的他

戀愛

不錯的戀愛對象。他的心胸開濶，妳也閃耀動人。為了加深愛情，請他讀詩給妳聽，吻他的唇十四次。然後告訴他實在非常可愛。隨時注意服裝搭配，戴珍珠飾品更好。他應該會帶妳到狄斯可舞廳或俱樂部，也會送妳愛情禮物。

結婚

當結婚對象普通。妳對人態度和藹，他却有點囉嗦。為了使婚姻生活美滿，浴室放淡紫色擦手巾。將所有的窗戶都打開，如果發現家中有小蜘蛛，不要殺死它，讓它走吧！杯子類至少放在離地一公尺以上高處。他會減少囉嗦，多注意妳。

性

性相合性也普通。妳很有魅力，但他卻流於單調。為了提高性能量，活用想像力，二人商量看看有什麼充滿力量的做愛方式。穿上迷人的睡衣，在地上盤腿而坐，熱情地給他親吻。他會迫不及待地要求妳，讓妳享受絕佳高潮。

戀愛	結婚	性	「速配」性
♥♥♥	♥♥	♥♥	丙

水瓶座的妳與天蠍座的他

戀愛

當戀愛對象普通。妳很快活，但他有點難相處。為了加深愛情，即使冬天，在家也只穿薄薄衣服就好。約會時吻他的唇十五次。不要因想說服他而與他辯論，只告訴他妳有多愛他。他一定會約妳跳舞、溜冰，讓妳度過愉快的一天。

結婚

當結婚對象也普通。妳有能力，他卻是秘密主義者。為了使婚姻生活美滿，遠離他的秘密。浴室放綠色擦手巾，有什麼私事與友人談。他要求妳誠實，應該本身也會更開放。時鐘時間要準確。相信他會為妳準備豪華家具。

性

性相合性也良好。妳常常令人著急，他是性慾非常強的人。為了提高性能量，妳必須訂做愛計畫表，讓他清楚什麼是妳想要的、什麼是妳討厭的。穿上有花邊的長統襪及睡衣讓他迫不急待，當他狂喜地開始前戲後一小時，妳也能達到高潮。

戀　愛	結　婚	性	「速配」性
♥♥	♥♥	♥♥♥	丙

水瓶座的妳與蛇夫座的他

戀愛

當戀人可產生良好關係。妳是美艷公主，他就像一位騎士一樣。為了更加深愛情，讓他握有主導權，展現紳士風範。在他的唇上吻九次，然後在他頸邊吹氣，緊緊地握住他的手。若能配載高級寶石更幸運。他愛妳，會計畫讓妳吃驚的約會。

結婚

最佳結婚對象。妳完美，他也忠於家庭。想使婚姻生活更上層樓，妳的床舖要向東。浴室放橘色擦手巾。每天打掃使用羽毛掃帚。他敬愛妳，為了妳什麼都會準備。

性

性相合性也頗佳。妳充滿魅力，他也是性感的男性。為了提高性能量，穿著合身T恤靠在他身旁，手放在他的大腿上，耳朵貼緊他。

換上鮮亮的睡衣後，他會非常興奮地開始前戲，讓妳達到高潮。

戀　愛	結　婚	性	「速配」性
♥♥♥	♥♥♥♥	♥♥♥	乙

水瓶座的妳與射手座的他

戀愛

當戀人能產生良好關係。妳嬌柔、他強健。為了加深愛情，在草地上打高爾夫球、圍牆遊戲、桌球等。約會時穿綠色衣服，在他唇上吻十下。如果有機會，為他做一個蛋糕更好。妳必須隨時保持明亮，他會約妳一起慢跑、訴說愛意。

結婚

當結婚對象普通。妳親切，他有點像小孩子。為了使婚姻生活美滿，買小缸養水草。浴室放藤色擦手巾，廁所保持光亮，冰箱裡的啤酒不要缺貨。他展現紳士品味時就請他喝啤酒。他高興之餘，會為妳和家人買電動牙刷。

性

性相合性也普通。妳善於動腦筋，他具冒險性。為了提高性能量，讓身體處於高級香水芳香中。眼睛烱烱有神，如小貓咪般地呢喃細語。他受到刺激，會反過來激烈地要求妳。冗長的前戲開始後，妳一定能享受高潮滋味。

戀　愛	結　婚	性	「速配」性
♥♥♥	♥♥	♥♥	丙

水瓶座的妳與魔羯座的他

戀愛

最佳戀愛對象。妳很完美，他對妳而言也是最了不起的男性。想更加深愛情，就更強力地表現自己。吻他的唇十七次，同意他溫柔地撫摸妳的胸部。配戴高級飾品，用愛的稱呼叫他。隨時露出呆然若望的表情，他應該會帶妳出國旅行。

結婚

當結婚對象非常理想。妳是最好的家庭主婦，他也能讓妳滿足。為了使婚姻生活更上一層樓，庭院種植有毒的植物，浴室放藍色擦手巾。他的襯衫仔細燙平。只要妳想要的東西，他什麼都會為妳準備。他會尋找家中最糟糕的部分進行改善，是位最佳伴侶。

性

性相合性也超群。妳激烈、他熱情。為了提高性能量，遵守做愛的方式。穿上性感睡衣，用美麗的腳勾住他的腰。妳的感性讓他喘不過氣來，他在妳的熱情挑逗下，激情地展開前戲。一小時後，妳能體驗多種高潮享受。

戀　愛	結　婚	性	「速配」性
♥♥♥♥	♥♥♥♥	♥♥♥♥	甲

水瓶座的妳與水瓶座的他

戀愛

當戀愛對象普通。妳活潑有朝氣，他是每個人的朋友。為了加深愛情，你們必須多找時間在一起。吻他的唇十三次，向他坦白「我愛你」。他一定更注意妳，會約妳看電影、吃飯。記得經常對他微笑，他一定也會以微笑回應妳。

結婚

不太好的結婚對象。妳常常外出，他也不常在家。想使婚姻生活美滿，在冰水中泡三分鐘，自言自語「得到自己想要的東西」，想像將此意象送入空中。另外浴室放綠色擦手巾，他會對家產生興趣，也會依照妳的需求添購用品。

性

性相合性良好。他是正統派、妳是豪華派。為了提高性能量，坦白告訴他，希望在性愛方面得到滿足。穿上豪華睡衣讓他喘不過氣來。搔搔他的頸子，將他的臉壓到妳的胸前。他會不反抗地接受妳的侵襲。前戲開始後一小時，妳能達極至高潮。

戀　愛	結　婚	性	「速配」性
♥♥	♥	♥♥♥	丙

第三章

與他（她）的相合性測驗、性慾度測驗

戀人相合性測驗

妳了解他多少？他了解妳多少？他浪漫嗎？對人的心情敏感嗎？對性愛關心度如何？為了了解真實情況，妳和他務必個別回答問題。如果一起做測驗，就不可讓對方看答案或給予提示。這項測驗有一百題，沒有時間限制，所以不要著急，以愉快的心情慢慢回答。

〔問答說明〕

關於他的問題有一百題。仔細閱讀後在紙上寫出是或否，以及適當數字與詞句。

一、妳寫下對他的各項問題答案。

二、請他本身寫下關於自己的答案。（老實）

三、完成後互相比較答案。對於不同點詳細進行討論。

得分方式列於問題的最後。

問　題

1 他曾經買花祝妳生日快樂嗎？
2 他自己擦鞋嗎？
3 隨時洗碗盤嗎？
4 吃綠、黃色蔬菜嗎？
5 喜歡運動嗎？
6 買過巧克力送妳嗎？
7 牙膏蓋會蓋好嗎？
8 一星期洗幾次澡？
9 曾帶妳到高級餐廳為妳慶祝生日嗎？
10 週日能在家做工嗎？
11 一星期說幾次「我愛妳」？
12 他會為妳開門嗎？
13 他喜歡什麼顏色？
14 他刺青刺上妳的名字嗎？
15 他常不常夢見妳？
16 他會為妳而死嗎？

---

17 會互相說出心裡話嗎？
18 他會買內衣褲送妳嗎？
19 在人前也牽手嗎？
20 他喜歡妳穿迷你裙嗎？
21 他注意妳的動態嗎？
22 他曾經讚美妳很「美麗」嗎？
23 他喜歡妳穿大膽露胸衣服嗎？
24 他買過香水送妳嗎？
25 他的房間整齊嗎？
26 自己燙衣服嗎？
27 會幫忙做家事嗎？
28 他會幫妳提購物袋嗎？
29 他喜歡妳穿性感衣服嗎？
30 他會為妳的名譽而戰嗎？
31 他理髮師的名字是？
32 他常在哪裡買衣服？

33 如果妳不喜歡他的衣服，他會在意妳的意見嗎？
34 他喜歡什麼電視節目？
35 他的母親干涉過度嗎？
36 在公共場所也親吻嗎？
37 會做菜嗎？
38 他喜歡什麼食物？
39 會看其他女性嗎（意識的）？
40 私事也會告訴妳嗎？
41 如果妳穿沾濕的T恤，他喜歡嗎？
42 他對妳的精神慾求敏感嗎？
43 他曾說：「妳的眼睛很漂亮」嗎？
44 他曾讚美「妳的腳好漂亮」嗎？
45 他以前戀人的名字？
46 他親友的名字？
47 他穿四角短褲？還是三角褲？

---

48 他曾在妳耳邊輕聲細語嗎？
49 如果他不喜歡妳的新衣服，會向妳坦白嗎？
50 如果他花心，妳會知道嗎？
51 他會沒有理由地買禮物送妳嗎？
52 他會為妳而裝扮嗎？
53 使用哪一種刮鬍刀？
54 他喜歡辛辣食品嗎？
55 放假日喜歡散步嗎？
56 他曾送妳令人大吃一驚的衣服嗎？
57 餐後會收拾餐桌上的餐具嗎？
58 他一天照幾次鏡子？
59 生日時會帶妳去看戲嗎？
60 會修理電器用品嗎？
61 他一天想妳幾次？
62 當妳感到冷時，他會脫下外套披在妳身上嗎？
63 他喜歡哪一種音樂？
64 他買毛巾時，會分開買妳用和他用的嗎？
65 他喜歡妳戴金或銀飾品？
66 如果妳被火圍住，在消防車到達前，他會幫妳嗎？
67 妳會告訴他自己最脆弱的部分嗎？
68 他喜歡妳穿白色或黑色內衣褲？
69 他在公共場所也會抱緊妳嗎？
70 在海邊，他喜歡看妳穿比基尼式泳裝嗎？
71 在妳苦悶時，他能成為妳的支柱嗎？
72 他會說：「妳是最好的人」嗎？
73 在「裸體沙灘」，他想看妳上空姿態嗎？
74 他喜歡妳的香味嗎？
75 他會打掃嗎？
76 他會撫摸妳的背嗎？
77 決定房間設計時，他會幫妳嗎？
78 妳下車時，他會伸手攙妳嗎？
79 他喜歡妳和女性朋友到舞廳跳舞嗎？
80 就算妳做錯事，他也會保護妳嗎？
81 他健身房的教練名字？
82 最能使他安定的場所？
83 如果妳表示不喜歡他的髮型，他會改變嗎？
84 他喜歡什麼運動？
85 妳對他的抱怨，他也認為如此嗎？
86 他在講電話時也會愛撫妳嗎？
87 他會煎蛋嗎？
88 他喜歡法國菜嗎？

89 妳認為他想創造戀人合他的型嗎？
90 妳曾向他傳達妳極端個人的意見嗎？
91 妳喜歡穿刺激性內衣褲嗎？
92 妳對於感情慎重嗎？
93 他說過喜歡妳揉他的腹部嗎？
94 他說過妳「與衆不同」嗎？
95 如果他在夢中呼叫昔日戀人的名字，妳會原諒他嗎？
96 他喜歡金髮？還是黑髮？
97 他游泳時穿比基尼泳褲嗎？
98 他以後也會說熱愛妳嗎？
99 如果他不喜歡妳的指甲顏色，會告訴妳嗎？
100 妳低潮時會找他商量嗎？

戀人相合性測驗回答欄

他用

	91		81		71		61		51		41		31		21		11		1
	92		82		72		62		52		42		32		22		12		2
	93		83		73		63		53		43		33		23		13		3
	94		84		74		64		54		44		34		24		14		4
	95		85		75		65		55		45		35		25		15		5
	96		86		76		66		56		46		36		26		16		6
	97		87		77		67		57		47		37		27		17		7
	98		88		78		68		58		48		38		28		18		8
	99		89		79		69		59		49		39		29		19		9
	100		90		80		70		60		50		40		30		20		10

妳用

	91		81		71		61		51		41		31		21		11		1
	92		82		72		62		52		42		32		22		12		2
	93		83		73		63		53		43		33		23		13		3
	94		84		74		64		54		44		34		24		14		4
	95		85		75		65		55		45		35		25		15		5
	96		86		76		66		56		46		36		26		16		6
	97		87		77		67		57		47		37		27		17		7
	98		88		78		68		58		48		38		28		18		8
	99		89		79		69		59		49		39		29		19		9
	100		90		80		70		60		50		40		30		20		10

【綜合得分】

請與他的答案比對。如果二人答案一樣就得一分。

六十分以上：妳很清楚他的事。

五十九分以下：還是不同的二人。

三十分以下：他真是妳的戀人嗎？

【他的浪漫度】

如果他在問題1、6、9、11、12、16、19、28、30、43、48、51、56、59、62、72、78、94、98回答「是」，各得一分。

十二分以上：他非常羅曼蒂克。

六分以上：普通羅曼蒂克。

五分以下：他在現實中是很生硬的人。

【他的敏感度】

如果他在問題17、21、22、40、42、67、71、90、92、100回答「是」，各得一分。

六分以上：他對人的心情很敏感。

三分以上：還算過得去的人。

二分以下：坦白說，他是個遲鈍的人。

〔他的性慾度〕

如果他在問題5、18、20、23、29、39、41、44、70、73、91回答「是」，各得一分。

六分以上：他是個色鬼。

三分以上：性慾度剛剛好。

二分以下：無情男性。

〔現代男性程度〕

如果他在問題2、3、7、10、25、26、27、37、57、60、75、77、79、86、87、89、93回答「是」，各得一分。

十一分以上：他是二十一世紀男性。

六分以上：現代男性。

五分以下：舊式男性。

性慾度測驗（男女通用）

這項測驗使妳的性各方面明朗化。愉快地回答問題後，告訴他結果。這項測驗的答案沒有正確、不正確之分。只需要簡單回答問題即可。不要思考太久，以瞬間感覺回答。

〔問題說明〕

一、所有問題都要回答。（他在身邊的話另當別論）

二、簡單以○×回答。

三、得分方式列於問題的最後。

問題

1 和異性在一起心情就好。
2 想到做愛就浮躁。
3 婚前性行為不好。
4 與外人做愛感到興奮。
5 有時性慾難控制。
6 害怕異性。
7 性興奮時只要滿足就好。
8 與異性交往很困難。
9 被異性吻不討厭。
10 有人教妳做愛。

11 容易性興奮。
12 雜交舞會想了就噁心。
13 喜歡接吻、擁抱。
14 除了想懷孕之外，應該避孕。
15 戀人經驗豐富、技巧純熟更好。
16 戀人的人品比性重要。
17 認為自己比朋友的性能力差。
18 複數做愛有魅力。
19 同時和二個人談戀愛很刺激。
20 自己的精力普通。

21 不討厭看性感照片。
22 害怕性關係。
23 有時想到做愛的事會煩惱。
24 談性愛方面的事很丟臉。
25 十三～十九歲的青少年應該由體驗中學習性。
26 女性有時也應該積極於性愛。
27 覺得性很無聊、想吐。
28 不論何處都能享受性愛樂趣。
29 認為可嘗試學習各種性愛技巧。
30 即使自慰是正確方法，也非好事。
31 曾經同時與二人談戀愛。
32 誘惑成熟的異性沒關係。
33 喜歡看裸體照片。
34 如果能偷看他人做愛的話，真想看看。
35 限制級雜誌出版應該自由。
36 法律應認同賣春行業。
37 最好允許十幾歲年輕人自由外宿。
38 想保護自己的小孩不性交。
39 中斷是女性的問題。
40 電視猥褻的節目太多了。
41 對異性不要太親密，才會得到他的尊重。
42 缺乏愛情的性愛太放蕩了。
43 在街上看見動物交配並不覺得討厭。
44 認為自己缺乏性魅力。
45 在街上熱情接吻沒什麼關係。
46 一天不做愛就受不了。
47 很多異性朋友。
48 性慾求強烈，但不知如何表現。
49 小孩玩性遊戲無害。
50 準備工作不做好就不會興奮。

51 對自己的性生活感到滿足。
52 手淫是自然而健康的事。
53 認為自己缺乏性慾。
54 女性也與男性一樣有強烈性慾。
55 應該允許一夫多妻。
56 與戀人做愛很快樂，手淫也可變化心情，還不錯。
57 希望每天和不同對象做愛。
58 不僅夜晚，白天也會性興奮。
59 戀人最好比自己年長。
60 做愛中發出大聲音。
61 做愛只是為了讓戀人高興。
62 雙親的影響使自己的性慾受到壓抑。
63 應該教育小孩性知識。
64 幾乎每天想到與性有關的事。
65 異性擁有強烈性慾是自然的事，理應如此。
66 結婚制度該廢止。
67 做愛對自己而言是最大的喜悅。
68 文化生活因性的開放而受威脅。
69 做愛只是為了生孩子而已。
70 很難相信一人只忠於一位伴侶。
71 性交應由男性主導。
72 女性為了自己想要的東西，可以用性當武器。
73 看裸體雜誌是小孩的玩意兒。
74 性問題女性總是成為被害者。
75 性慾不太可能控制。
76 戀人在公共場所接吻沒關係。
77 性行為會發生問題。
78 心裡只想做愛的事。
79 頭腦始終不能不想做愛之事，感到心中有愧。

80 做愛的高潮很重要，總是努力達到。

81 喜歡在黑暗中做愛。

82 性幻想在電視節目中膨脹起來。

83 看自己的另一半和他人做愛很刺激，很快樂。

84 認為自己每次高潮都很清楚。

85 做愛比什麼事都重要。

86 喜歡小孩。

87 戀人給妳完整的性滿足。

88 對自己而言，做愛沒有重要意義。

89 幾乎所有男人都是色情狂。

90 對自己的伴侶而言，做愛技巧很重要。

91 很喜歡前戲。

92 對於自己和伴侶而言，做愛是最重要的事。

93 喜歡命令戀人玩性愛遊戲。

94 做愛時都是全裸。

95 性魅力對自己而言很重要。

96 喜歡下流猥褻的話。

97 浪漫的戀愛好噁心啊。

98 避孕損壞了做愛的自然。

99 看脫衣舞秀真無聊。

100 口交在衛生上很危險。

性慾度測驗回答欄

他用

1		11		21		31		41		51		61		71		81		91	
2		12		22		32		42		52		62		72		82		92	
3		13		23		33		43		53		63		73		83		93	
4		14		24		34		44		54		64		74		84		94	
5		15		25		35		45		55		65		75		85		95	
6		16		26		36		46		56		66		76		86		96	
7		17		27		37		47		57		67		77		87		97	
8		18		28		38		48		58		68		78		88		98	
9		19		29		39		49		59		69		79		89		99	
10		20		30		40		50		60		70		80		90		100	

妳用

1		11		21		31		41		51		61		71		81		91	
2		12		22		32		42		52		62		72		82		92	
3		13		23		33		43		53		63		73		83		93	
4		14		24		34		44		54		64		74		84		94	
5		15		25		35		45		55		65		75		85		95	
6		16		26		36		46		56		66		76		86		96	
7		17		27		37		47		57		67		77		87		97	
8		18		28		38		48		58		68		78		88		98	
9		19		29		39		49		59		69		79		89		99	
10		20		30		40		50		60		70		80		90		100	

［綜合得分］

如果妳在問題1、4、5、11、13、14、19、20、25、26、29、30、33、34、35、36、38、39、47、49、51、52、56、61、63、64、80、86、87、90、91、94、95回答○，各得一分。

如果妳在問題2、3、6、7、8、9、12、15、17、18、21、22、23、24、27、28、31、32、37、40、41、42、43、44、45、46、48、50、53、54、55、57、58、59、60、62、65、66、67、68、69、70、71、72、73、74、75、76、77、78、79、81、82、83、84、85、88、89、92、93、96、97、98、99、100回答×，各得一分。

六十分以上：妳充滿性慾。

三十分以上：性慾適中。

二十九分以下：再加油。

［快樂追求度］

如果妳在問題15、18、19、28、46、51、53、55、57、66、70、77、83、87回答○，各得一分。問題12、17回答×，各得一分。

十分以上：做愛只追求自己快樂的快樂主義者。

五分以上：自己快樂優於伴侶感受的人。

四分以下：能為對方付出的人。

〔謹慎度〕

如果妳在問題6、8、9、22、23、24、27回答○，各得一分。

六分以上：不花心高尚之人。

三分以上：一本正經。

二分以下：妳對性愛的想法很健康。

〔動物性〕

如果妳在問題2、7、11、64、67、71、85、90、92、95回答○，各得一分。問題50、62、88回答×，各得一分。

八分以上：妳簡直是動物性。

四分以上：相當喜歡者。

三分以下：妳的性慾自然。

後記

本書除了戀愛、結婚之外，也介紹性相合性，提高性能量的方法。在責任上有個請求。

相愛的二個人肉體結合是非常美好而自然的事。但生活在現代，妳必須了解性是否安全？是否會對妳造成傷害？如果二人交往一段長時間，十分了解伴侶，姑且不論懷孕的危險性，至少應該不會有性病的顧慮。

但，假使妳尚未找到理想，或才剛開始交往，就根本不了解他的性經驗。雖然我不想過度強調性病的可怕，但做愛的安全還是得自己管理。因此，第一步希望妳了解自己，檢討必要的事。應該學習避孕方法，或保護自己不罹患性病、不意外懷孕。

如果妳是二十歲左右的女孩，妳得先認清自己「非常容易受孕」。如果妳剛體驗第一次，妳的女性機能非常新鮮，妳必須了解自己很容易懷孕。千萬不可放任他只為了短暫的興奮而做愛，否則一旦懷孕可就麻煩了。即使是突發性無計畫的做愛，妳也應該對自己負責，一定要記得避孕。

在學習男女身體的同時，也應該學習避孕方法。在衆多避孕法當中，以保險套最方便，不僅避孕，在防止傳染性病上也很有效果。最好隨身攜帶保險套。不論在多麼激情的狀況下，都一定要他戴上保險套。要享受美好的性愛，務必確實實行此項忠告。

大展出版社有限公司	圖書目錄
地址：台北市北投區11204 致遠一路二段12巷1號 郵撥： 0166955～1	電話：(02) 8236031 8236033 傳眞：(02) 8272069

•法律專欄連載• 電腦編號 58

台大法學院 法律學系／策劃
法律服務社／編著

①別讓您的權利睡著了[1]	200元
②別讓您的權利睡著了[2]	200元

•秘傳占卜系列• 電腦編號 14

①手相術	淺野八郎著	150元
②人相術	淺野八郎著	150元
③西洋占星術	淺野八郎著	150元
④中國神奇占卜	淺野八郎著	150元
⑤夢判斷	淺野八郎著	150元
⑥前世、來世占卜	淺野八郎著	150元
⑦法國式血型學	淺野八郎著	150元
⑧靈感、符咒學	淺野八郎著	150元
⑨紙牌占卜學	淺野八郎著	150元
⑩ＥＳＰ超能力占卜	淺野八郎著	150元
⑪猶太數的秘術	淺野八郎著	150元
⑫新心理測驗	淺野八郎著	160元
⑬塔羅牌預言秘法	淺野八郎著	200元

•趣味心理講座• 電腦編號 15

①性格測驗１	探索男與女	淺野八郎著	140元
②性格測驗２	透視人心奧秘	淺野八郎著	140元
③性格測驗３	發現陌生的自己	淺野八郎著	140元
④性格測驗４	發現你的真面目	淺野八郎著	140元
⑤性格測驗５	讓你們吃驚	淺野八郎著	140元
⑥性格測驗６	洞穿心理盲點	淺野八郎著	140元
⑦性格測驗７	探索對方心理	淺野八郎著	140元
⑧性格測驗８	由吃認識自己	淺野八郎著	140元

⑨性格測驗9	戀愛知多少	淺野八郎著	160元
⑩性格測驗10	由裝扮瞭解人心	淺野八郎著	160元
⑪性格測驗11	敲開內心玄機	淺野八郎著	140元
⑫性格測驗12	透視你的未來	淺野八郎著	140元
⑬血型與你的一生		淺野八郎著	160元
⑭趣味推理遊戲		淺野八郎著	160元
⑮行爲語言解析		淺野八郎著	160元

・婦幼天地・電腦編號16

①八萬人減肥成果	黃靜香譯	180元
②三分鐘減肥體操	楊鴻儒譯	150元
③窈窕淑女美髮秘訣	柯素娥譯	130元
④使妳更迷人	成　玉譯	130元
⑤女性的更年期	官舒妍編譯	160元
⑥胎內育兒法	李玉瓊編譯	150元
⑦早產兒袋鼠式護理	唐岱蘭譯	200元
⑧初次懷孕與生產	婦幼天地編譯組	180元
⑨初次育兒12個月	婦幼天地編譯組	180元
⑩斷乳食與幼兒食	婦幼天地編譯組	180元
⑪培養幼兒能力與性向	婦幼天地編譯組	180元
⑫培養幼兒創造力的玩具與遊戲	婦幼天地編譯組	180元
⑬幼兒的症狀與疾病	婦幼天地編譯組	180元
⑭腿部苗條健美法	婦幼天地編譯組	180元
⑮女性腰痛別忽視	婦幼天地編譯組	150元
⑯舒展身心體操術	李玉瓊編譯	130元
⑰三分鐘臉部體操	趙薇妮著	160元
⑱生動的笑容表情術	趙薇妮著	160元
⑲心曠神怡減肥法	川津祐介著	130元
⑳內衣使妳更美麗	陳玄茹譯	130元
㉑瑜伽美姿美容	黃靜香編著	150元
㉒高雅女性裝扮學	陳珮玲譯	180元
㉓蠶糞肌膚美顏法	坂梨秀子著	160元
㉔認識妳的身體	李玉瓊譯	160元
㉕產後恢復苗條體態	居理安・芙萊喬著	200元
㉖正確護髮美容法	山崎伊久江著	180元
㉗安琪拉美姿養生學	安琪拉蘭斯博瑞著	180元
㉘女體性醫學剖析	增田豐著	220元
㉙懷孕與生產剖析	岡部綾子著	180元
㉚斷奶後的健康育兒	東城百合子著	220元
㉛引出孩子幹勁的責罵藝術	多湖輝著	170元

國家圖書館出版品預行編目資料

13星座戀愛占卜／彤雲編輯組編著
—初版，—臺北市，大展，民86
253面；　　公分；—（命理與預言；15）
ISBN 957-557-728-0（平裝）

1. 占星術

292.22　　　　86007029

13星座戀愛占卜

ISBN 957-557-728-0

編 著 者／彤雲編輯組
發 行 人／蔡　森　明
出 版 者／大展出版社有限公司
社　　址／台北市北投區（石牌）致遠一路二段12巷1號
電　　話／(02) 8236031・8236033
傳　　眞／(02) 8272069
郵政劃撥／0166955－1
登 記 證／局版臺業字第2171號
承 印 者／國順圖書印刷公司
裝　　訂／嶸興裝訂有限公司
排 版 者／千兵企業有限公司
電　　話／(02) 8812643
初版 1 刷／1997年（民86年）8月
2　刷／1997年（民86年）11月

定　　價／200元

大展好書 好書大展

大展好書 好書大展